国家文物局"博物馆进校园"示范项目成果

丝路奇幻之旅

（上册）

何珊云　周旸　编著

ZHEJIANG UNIVERSITY PRESS
浙江大学出版社

同学们好！我是本次丝路奇幻之旅的向导——丝博士。在这一次的旅程中，我将与你们一起穿越时空，认识丝绸，探索丝织技术，驰骋于庞大的丝路网络之中，共同探寻丝绸奥秘与丝路文明。

在第一单元"走进丝路"中，我们将揭开神话的面纱，拨开历史的迷雾，在蜿蜒广袤的丝路上，观千年的沧桑变化，看古今的山河变迁；在第二单元"小蚕大世界"中，我们将走进科学的世界，探寻生物的奇观，运用科学的思维，观察蚕一生的有趣变化，探究蚕桑生态的奇妙原理；在第三单元"小小织造家"中，我们将揭示先人的智慧，还原古时的技艺，理解蚕丝成线的基本工序，实践锦上添花的印染手法；在第四单元"云想衣裳花想容"中，我们将欣赏传统服饰，发挥美感创意，追溯丝绸衣裳的历史演变，创新丝织服饰的今日发展；在第五单元"锦绣文章"中，我们将欣赏旧日竹简，诵读瑰丽诗词，回望经典文库，感受丝路文化的源远流长与慷慨气象。

这是一段充满挑战的旅程。在旅程中，你会遇到各种各样的问题和任务，你需要尝试运用学到的知识与能力去解决和完成它们；这也是一场团队合作的旅程，你会和小伙伴们一起沟通、交流与合作，共同解决问题、创作作品。此外，每个单元、每节课程都会有非常完善的知识框架来帮助大家学习。当你们看到"丝博士告诉你"时，那就是我在为大家提供知识、思维和资源，帮大家解决问题呢！

同学们，你们是否已经迫不及待了呢？听，丝路上的驼铃在催促着我们出发了，让我们一起踏上这段丝路奇幻之旅吧！

目 录

走进丝路

（12 课时）

单元导语

亲爱的同学，欢迎来到丝绸之路（简称"丝路"）的世界。在这里，你将领略到"胡天汉月，羌笛驼铃"的瑰丽浩瀚，以及"天方海舶，华夏风物"的盛世气象。我们将和你沿着祁连山脉下的点点绿洲，追寻丝绸传播的路径、勾勒丝路地图的网络；同时，在探索丝路的旅程中，回望历史，走近那些精彩纷呈的历史故事、令人敬佩的历史人物以及珍贵稀有的文物藏品；最后，我们还会探寻丝路的前世今生，寻访丝绸之路上"活着的"商品，了解现代丝绸之路的新发展、新变化、新格局、新征程。

探索的旅程已经开启，让我们背上智慧的行囊，一同踏上丝路之旅吧！

适用年级

4—6 年级。

项目情境

如果请你来设计一块关于丝绸之路的展板，向你身边的同学、家人介绍丝绸之路，你会如何设计？

核心问题

历史上的丝路是如何产生、发展和衰落的，这对中国与世界产生了哪些深远的影响？

🦋 **问题网络图**

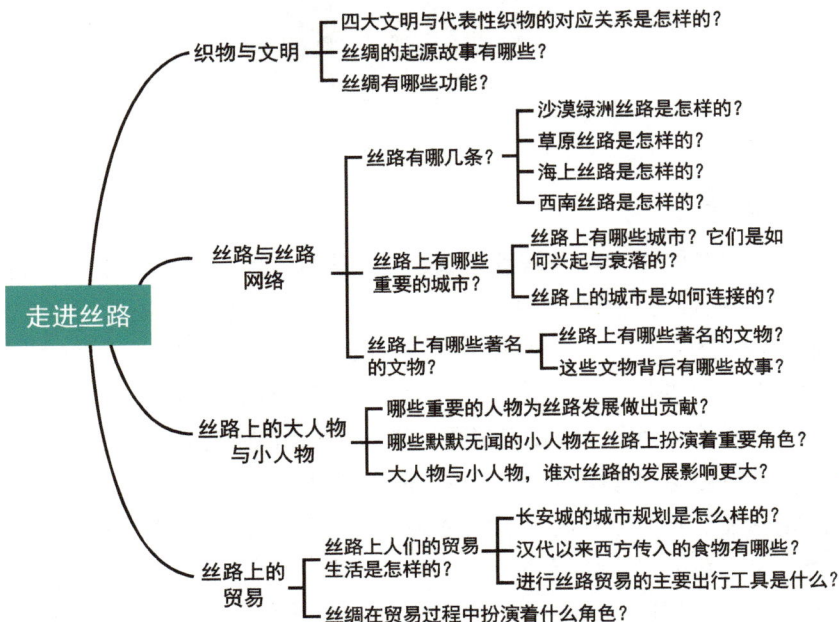

🦋 **项目目标**

素养目标	人文底蕴、学会学习、责任担当、实践创新、健康生活
具体目标	• 认识丝绸的用途以及丝绸的品类，欣赏历史文字中的丝绸和文物中的丝绸，知道丝绸起源的四种论说。 • 说出丝绸传播过程中的重要历史事件、人物，并能简单表述丝绸的传播范围及传播影响。 • 掌握四条丝路，并能理解丝绸之路的发展对于不同主体的不同方面的不同影响，以及推动/制约丝绸之路发展的因素。 • 面对学习过程中的挑战，提出创新性的表达方式和解决方案。 • 领略丝路文化魅力，理解丝绸之路的发展历史与现状，提升中华文明的认同感。

相关学科标准

学科	学科标准内容
语文	（一）识字与写字 累计认识常用汉字3000个左右，会写其中的2500个左右。 （二）阅读 1. 用普通话正确、流利、有感情地朗读课文。 2. 默读一般读物每分钟不少于300字。学习浏览，扩大知识面，根据需要收集信息。 3. 联系上下文和自己的积累，推想课文中有关词句的意思，辨别词语的感情色彩，体会其表达效果。 4. 在阅读中了解文章的表达顺序，体会作者的思想感情，初步领悟文章的基本表达方法。在交流和讨论中，敢于提出看法，做出自己的判断；阅读叙事性作品，了解事件梗概，简单描述自己印象最深的场景、人物和细节，说出自己的喜爱、憎恶、崇敬、向往、同情等感受。 （三）习作 1. 懂得写作是为了自我表达和与人交流。 2. 学写简单的纪实作文和想象作文，内容具体，感情真实。根据内容表达的需要，分段表述。学写常见的应用文。 （四）口语交际 1. 与人交流时能尊重和理解对方。 2. 乐于参与讨论，敢于发表自己的意见。 3. 听人说话认真耐心，抓住要点，并简要转述。 4. 根据对象和场合，稍做准备，做简单的发言。 （五）综合性学习 1. 为了解决与学习和生活相关的问题，利用图书馆、网络等信息渠道获取资料，尝试写简单的研究报告。 2. 初步了解查找资料和运用资料的基本方法。

续表

学科	学科标准内容
地理	1. 正确辨识区域地图上的简单图例、方向和比例尺。 2. 知道我国的地理位置、领土面积、海陆疆域、行政区划。 3. 知道世界各大洲、各大洋的位置，并在地图或地球仪上找到相应的国家和地区。 4. 知道我国是一个疆域辽阔、有着许多名山大川和名胜古迹的国家，培养爱国情怀。
历史	1. 热爱家乡，热爱祖国的历史与文化，增强中华民族的归属感和自豪感，尊重不同国家和民族的文化差异，初步形成开放的国际视野。 2. 初步掌握收集、整理和运用信息的能力，选用恰当的工具和方法分析、说明问题。 3. 知道我国是有着几千年历史的文明古国，了解中华民族对世界文明的重大贡献，珍爱我国的文化遗产。 4. 初步了解人类的一些文化遗产，形成对世界历史文化的兴趣。 5. 解释我国与世界各国经济的相互依存关系，以及这种关系给人们的生活带来的影响。
美术	1. 从多个角度欣赏和认识美术作品，逐步增强视觉感受、理解与评述能力，初步掌握美术欣赏的基本方法，在文化情境中认识美术。 2. 了解美术与生活、历史、文化的关系，初步形成审美判断能力。

课时安排

第一节　织物与文明（2课时）

第二节　丝路与丝路网络（5课时）

第三节　丝路上的大人物与小人物（3课时）

第四节　丝路上的贸易（2课时）

第一节　织物与文明（2课时）

情境引入

蚕丝洁白柔软，能织就色彩艳丽而富有韧性的锦缎；丝绸纤薄轻盈，浓缩了一个有着千年积淀和厚重文明的泱泱古国。丝绸与中华文明之间的关系是什么？丝绸又是如何起源的呢？

核心问题

1. 丝绸是什么？
2. 四大文明古国与织物的关系是什么样的？
3. 关于丝绸起源的时间、地点、人物，有哪些不同说法？
4. 丝绸有哪些用途？

核心目标

1. 形成对丝绸的具象化认识，能够用语言表述丝绸的概念，并与小组同学分享。
2. 解释四种织物与四大文明的对应关系，认识到世界文明的多样性。
3. 说出四种认可度较高的丝绸起源说，并深入思考神话传说的成因及其与中国文明发展的复杂关系。
4. 通过图样示例，总结、归纳丝绸的主要用途。

课时 1 丝绸文明

问题导入

梁启超在《二十世纪太平洋歌》中写道："初为据乱次小康，四土先达爰（yuán）滥觞……厥名河流文明时代第一纪，始脱行国成建邦。"诗中的"四土"可以说是"四大文明古国"这一说法的雏形。那么，大家知道我们常说的四大文明古国分别是哪几个国家吗？你们知道四大文明古国的人民最喜欢使用哪些天然材料来制作衣物吗？

学习任务

目前公认的四大文明古国，分别是古巴比伦、古埃及、古印度和中国，它们是诸多文明的发源地，对周围地区产生了很大的影响。由于地理环境的差异，四大文明古国使用不同的天然纤维来制作衣料。通过阅读"知识卡片"中的内容，你能将下面的文明古国与织物连线吗？

古巴比伦	亚麻
古埃及	丝绸
古印度	棉花
中国	羊毛

知识卡片

四大文明古国与织物

棉纤维以其良好的透气性、吸湿性和耐用性而成为古印度人最主要的纺织原料和贸易商品。考古研究发现，印度的植棉历史最早可以追溯到公元前 3000 年，在古印度文化的重要遗址"摩亨佐-达罗"中就曾发现大量的棉织物。直到今日，棉花在印度依然有"白金"之称，是印度最重要的出口商品之一。印度之所以能够大规模种植棉花，与其独特的气候与水文条件密不可分。印度棉区主要分布在印度次大陆和阿拉伯海沿岸，这些地区往往光热丰富、水源充足、土壤肥沃、降水较少，非常适合棉花的生长。

古埃及人尤其钟爱使用亚麻作为纺织的主要原料，这得益于古埃及的母亲河——尼罗河。尼罗河沿岸得天独厚的地理位置为亚麻种植提供了优越的自然条件。现代考古研究表明，最迟在公元前 5000 年时，古埃及人就已经使用亚麻纤维来织布，并发明了织布机。此外，古埃及金字塔中的木乃伊也是由白色亚麻布进行包裹的。在新石器时代，亚麻被引入地中海沿岸国家，在欧洲国家也十分流行。

古巴比伦人居住在美索不达米亚地区，该地区俗称"两河流域"，位于今天的伊拉克一带，当地盛产牛、羊等牲畜。古巴比伦人也因此以羊毛作为纺织的主要原料。羊毛弹性佳、吸湿性强、保暖性好，非常贴合中西亚和欧洲等地人们的需求，因此沿着商路或随着战争传遍了整个亚欧大陆。

中国是世界上最早掌握以蚕丝制衣技术的国家，从河南荥阳青台村和浙江湖州钱山漾出土的丝织文物可以推断，中国蚕桑业的发展至少已有 5000 年的历史。蚕丝以其光泽柔和、平滑均匀、透气性好、吸光性强、染色性能好、强伸力高等特点，被誉为"纤维皇后"。千百年来，这些以蚕丝织就的华美锦缎，通过陆上和海上贸易通道向世界各地传播，这些通道也因此得名"丝绸之路"，而中国也赢得了"Seres"（丝国）的美称。

丝绸生产发轫于新石器时代，是我国古代劳动者对于人类文明最具贡献的发明之一。在古代，丝绸的原料就是蚕丝，其中以桑蚕丝为主，也包括少量的柞蚕丝和木薯蚕丝；而现代由于原料的扩展，人们还会使用合成纤维、人造纤维、短丝等来制作丝绸。丝绸的品种极其丰富，纺织工业部在 1965 年就根据织物组织结构、原料、工艺、外观以及用途，把常见的丝织品分为纱、罗、绢、纺、绡、绉、锦、缎、绸、绫等 14 大类。

🖋 拓广探索

作为中华文明的象征之一，丝绸究竟在中国人的生活中发挥着怎样的作用呢？

观察下列丝织文物的图片并阅读简介，写下你认为的文物用途。

文物	简介
 大红缎彩绣松鹤纹椅帔面，中国丝绸博物馆藏	这是一个放在椅子上的帔面。以大红色五枚缎织物为底，上面用彩色丝线刺绣出纹样，有喜鹊登梅，有松鹤延年，寓意吉祥，色泽艳丽。
用途	

续表

文物	简介
 灰色暗花缎女衫，中国丝绸博物馆藏	这是一件立领女衫，大襟，长袖，袖口较窄，衣身较长，两侧开衩。面料为浅灰色暗花缎，上面有大型花卉图案。
用途	
 红绿缎绣花鸟裙饰，中国丝绸博物馆藏	这是一对衣物装饰品，红缎底，绿缎心，缎心上绣花鸟纹样。
用途	

续表

文物	简介
"永立千秋"织锦像，中国丝绸博物馆藏	这是一幅彩色池塘织锦画。有"永立千秋"字样。这一织锦画利用彩色丝线，通过组织变化，使织物表面显示出与彩色图案一致的风景。
用途	

🪶 丝博士告诉你

除了装饰、美观等功能以外，丝绸在历史上还具备一定的货币功能。比如，在南北朝时期，北齐官员的俸禄发放实行的就是"禄率一分以帛，一分以粟，一分以钱"（《隋书》）的制度；将"帛"排在"粟"和"钱"之前，可以看出丝织品在行使货币功能方面的重要性。

东汉《说文解字》中对于"货币"一词这样解释道：货，财也；币，帛也。从中也可以看出，丝绸可充当用于实物交换的等价物。

集思广益

阅读上述资料，请和小伙伴们讨论"丝绸究竟有哪些用途"这一问题，并尝试填满"丝绸用途气泡图"。

丝绸用途气泡图

学习任务

阅读"知识卡片"并结合示例，你能为"丝绸"下个定义吗？

知识卡片

"下定义"是一种用简洁明确的语言，对事物的本质特征做概括的说明方法。通常用"××（所要下定义的事物）是××（形容描述）的××（属性）"这样的判断单句来表示。

例1：<u>商品</u>是<u>用来交换</u>的<u>劳动产品</u>。

例2：<u>赵州桥</u>是<u>世界著名</u>的<u>古代石拱桥</u>。

你对"丝绸"的定义: _____

_____

_____

_____

_____

课时 2　丝绸的起源神话

问题导入

中国历来被称为"丝绸之国"。丝绸在中国历史上扮演了十分重要的角色。那么，丝绸究竟是谁发明的？又是如何传播的呢？

学习任务

请阅读"知识卡片"，并以小组为单位，就四种丝绸起源说进行讨论，并选择一种你最感兴趣的说法，以记叙的手法，编写 300 字左右的"丝绸起源"小故事。

知识卡片

丝绸起源说

◎ **嫘（léi）祖始蚕**

司马迁在《史记·五帝本纪》中记载了这样一位女子："黄帝居轩辕之丘，而娶于西陵氏之女，是为嫘祖。"这名叫嫘祖的女子，不仅是中华人文先祖黄帝的妻子，还被人们认为是蚕桑业的始祖神，被民间称为"先蚕""蚕神""丝姑"等等。

相传远古时期，西陵一带是一片浓郁的桑林，当时的人们还不会纺织，只能用树叶或兽皮来遮雨避寒。嫘祖为了让人们穿得更好，开始尝试用草皮、树皮捻（niǎn，指用手指搓）线，后来她发现桑树上的野蚕吐出的丝又细又结实，便开始研究如何在家养蚕。她将蚕茧煮熟后套在木棍上，用手撕着捻线。后来她受到河里梭鱼的启发，制成梭子用于缠丝；又通过观察蜘蛛网得到启示，把蚕丝织成了绸。之后，嫘祖开始教育万民如何种桑养蚕、缫（sāo）丝织绸，让大家得以穿上丝织衣物，结束了以树叶兽皮为衣的时代。就这样，蚕丝业也逐渐在中原地区兴盛起来。

后来，人们为了感念嫘祖"种桑养蚕、缫丝织绸、造福万民"的功德，为她建立了庙宇用以祭拜，甚至在朝鲜半岛及东南亚的一些国家也有对嫘祖的祭祀活动。"嫘祖始蚕"的传说被皇家和官府所认可，她也成为官方指定的蚕业始祖。早在南北朝时期，北朝十六国中的北齐和北周就在都城建有专门的蚕室和先蚕坛，而每年春天的"亲蚕礼"更是历代皇后的必修功课。在"亲蚕礼"上，皇后需要率领着后妃与贵妇们，身穿特制的亲蚕服装，举行祭祀西陵氏嫘祖和黄帝的仪式。除此以外，还要亲手采摘桑叶。亲蚕礼和皇帝的"亲耕礼"一样，都是封建时代"以农为本"观念的重要体现。

◎ 蚕马故事

"嫘祖"主要受官方认可和推崇，而"蚕马故事"中的"马头娘"则可以说是民间最受欢迎、流传最广的丝绸始祖了。蚕马故事最早见于晋代史学家干宝所著的用以记录民间神话传说故事的小说集《搜神记》中。

相传远古时期，有个中年人随军远征，家中只有个女儿和一匹公马。女孩儿独处寂寞，思念父亲，便跟马开玩笑说："如果你能帮我把父亲接回来，我就嫁给你。"马听了这话，便扯断缰绳，跑到了其父所在的营地，把他接了回来。

父亲回家后，觉得这匹马颇通人性，因此以更好的草料加以饲养，但马却不肯吃。而每当马见到女孩儿时，便激动万分，又踢又叫。父亲很是奇怪，私下询问女儿，女儿只得据实相告。父亲嘱咐道："这是家门的耻辱，你且不要外传。"之后，父亲便偷偷把马射死了，并剥下马皮，晾晒在庭院中。有一天，女孩儿跟邻家伙伴在马皮附近玩。女孩儿用脚踢马皮说："你居然妄想娶人为妻？招致剥皮之祸，真是自讨苦吃！"话音刚落，马皮突然裹挟着女孩儿飞向了远处。伙伴惊慌失措，赶忙跑去找女孩儿的父亲。父亲回家后，四处搜寻无果。

几天后，人们才在一棵大树的枝杈间找到了裹着马皮的女孩儿，但她已化作了一只蚕，正在树上吐丝结茧。那蚕茧纹理较厚，与寻常蚕茧不同。一些妇女取来饲养，收成竟是普通蚕的好几倍。于是，人们将那棵树称作"桑"，竞相种植。

蚕马故事在民间广为传播，人们将故事中的女子称作"马头娘"（因其头形状如马），也有人亲切地称其为"蚕花娘娘"，在江南地区甚至有专门的蚕花殿和蚕花节用以供奉和纪念她。实际上，将马、女、蚕三者联系起来的想法很早就已经有了。战国荀子在《蚕赋》一文中，就形容蚕"身女好而头马首"，就是说蚕头昂起吐丝时，颇像马首；而身躯柔软，又像女性。

◎ 青衣蚕神

我国川蜀地区由于其独特的四面环山、易守难攻的地理环境，在上古时代与中原文明基本处于相互隔绝的状态，因此当地对于丝绸起源有着完全不同的传说。根据西汉扬雄《蜀王本纪》和晋代常璩（qú）《华阳国志》中的记载，远古时期蜀地有一位长着"纵目"的君王，名叫蚕丛；而在后世传说中，正是这位蜀王发明了桑蚕丝绸。前蜀冯鉴在《续事始》中引用了《仙传拾遗》的说法："蚕丛氏自立王蜀，教人蚕桑，作金蚕数千头，每岁之首，出金头蚕，以给民一蚕，民所养之蚕必繁孳（zī），罢即归蚕于王。（王）巡境内，所止之处，民则成市。"而蚕丛每每巡境必穿青衣，故又称"青衣神"。他死后，当地百姓感怀他的恩德，将他的出生地命名为青神县。其主要活动区域亦以青衣命名，如青衣江。据说在远古时代，青衣江流域居住的羌人会举行盛大的"青羌之祀"，用以纪念青衣神，而流传至今的"三月三""五月台会"等活动均具有古蜀遗风。

近年来，四川广汉三星堆遗址出土了一批前所未见、有别于中原文化特色的青铜人像与器物，其中就包括非常具有典型性的、双眼突起的青铜人面，这也被大家认为是"蚕丛纵目"的蜀王。

青铜纵目面具，三星堆博物馆藏

◎ **神树扶桑**

蚕的一生会经历"卵—虫—茧—蛾"四种形态变化，这在古人看来是十分神奇的，他们也由此联想到了天地生死和万物轮回。因此，蚕在古人的心目中是有"神性"的，而蚕赖以生存的桑树也就显得格外神圣了。在中国古代传说中，桑林不仅是蚕的栖息地，还是人们祈求子嗣、祭天求雨的场所。这是远古先民最重要的两项活动，也从侧面说明了桑树的重要地位。

由于桑林的重要性，人们逐渐对桑树产生了自然崇拜，并以桑树为原型想象出一种神树，名为"扶桑"，它是太阳栖息的地方。《山海经·海外东经》中写道:"汤谷上有扶桑,十日所浴,在黑齿北。居水中,有大木,九日居下枝,一日居上枝。"意思是说,在东海汤谷,生长着一棵名叫扶桑的神树,树上栖息着十个太阳,每当一个太阳升起,其他九个就在神树上休息;后羿射日的故事也是在其基础上衍生的。

1986年四川广汉三星堆遗址出土的"Ⅰ号大型铜神树"就被认为参考了扶桑树的神话。该青铜神树通高近4米,树下有喇叭状树座,树干笔直,上出九枝,枝上各栖一鸟,并有铜龙、铃、花、叶等挂饰。而"鸟"在中国神话中与"日"是对应的。古人认为,太阳的东升西落是由神鸟驾驭日车而形成的现象,这里的神鸟就是"三足金乌"。

Ⅰ号大型铜神树,
三星堆博物馆藏

🌱 **集思广益**

阅读完以上资料,请你和小伙伴们探讨以下三个问题。

1. 你觉得这些神话传说可信吗?

2. 你认为这些神话传说是如何形成的?

3. 你认为这些神话传说在中国文明的发展过程中产生了怎样的影响?

你的思考:_____

_____

_____

_____

_____

🖊 丝博士告诉你

　　"神话"是译介词，近代中国留日学者借取了日文中的"神話"（しんわ，shinwa）一词，而日语中的"神话"本身也是西学东渐的产物。意大利哲学家维柯（Giovanni Battista Vico）认为，历史可以被划分为"神话时代""英雄时代"和"人的时代"。19世纪早期，英国语言学家缪勒（Friedrich Max Müller）认为，神话本质上是一种今人对古人叙述的想象与创造。1871年，英国文化人类学奠基人泰勒（Edward Burnett Tylor）认为，基于事实的日常经验才是神话的基础。泰勒的观点一经提出便在神话学界引起了极大的轰动。我国神话学的早期研究正是在泰勒学说的基础上进行的。

　　神话具有丰富的内涵、复杂的成因和久远的历史，因而对其本质和特征难以一言以蔽之。中国神话是一个多学科综合体，任何学科都不能单独代表它，在不同的历史节点、文化语境下，中国神话都展现出不同的表现形态。中国神话应该从文化和社会的方方面面来理解，才能窥得其全貌。

项目学习小档案

在这一节中，你学到了哪些知识呢？快用思维导图梳理一下吧！

```
            ┌ 螺祖始蚕
            │ 蚕马故事                    ┌ 用途 ┐
      神话 ─┤ 青衣蚕神 ─── 起源 ─── 丝绸 ─── 文明
            │ 神树扶桑                    └ 定义 ┘
            │
            ......
```

在这一节中，你做成了哪些有意义的事呢？

活动类型	你所完成的事
小组活动	
个人学习	

第二节 丝路与丝路网络（5课时）

情境引入

丝绸的贸易在亚欧大陆上编织了一个庞大的交通网络，连通了许多国家和地区，并给这些国家和地区的发展带来了巨大的推动力量。那么，这个交通网络是如何形成的？主要路线有哪些？在历史的长河中，它又留下了哪些动人故事呢？

核心问题

1. 丝绸之路有哪几条？每条丝路在路线、历史、人物和主要贸易物品上各有什么特点？
2. 丝绸之路的形成、发展与哪些因素有关？
3. 丝绸之路为何会随着历史变迁而兴衰？这给我们哪些启示？
4. 丝绸之路上有哪些著名的文物？这些著名的文物能够说明什么？

核心目标

1. 说出四条丝路的路线、发展历史、人物、故事和主要贸易物品，理解四条丝绸之路的形成时间、背景及原因。
2. 认识到丝绸之路的形成与气候、战争、政治、经济等诸多因素的关联。
3. 说出地区间进行商贸往来的条件及其历史、现实意义。
4. 说明丝绸之路主要途经城市的概况，以及邮驿系统的重要性。
5. 根据背景材料，撰写文物的介绍词，理解文物中的历史故事，提升人文素养。

课时1 四条丝路

问题导入

现在，当我们去比较远的国家旅行时，飞机是首选的交通工具。在没有航空和铁路的时代，你知道因为丝绸贸易而存在一个庞大的交通网络吗？今天，我们就一同来探索这一巨大的网络。

拓广探索

如果从唐代的长安城（今陕西西安）出发，通过中亚，到达罗马，你将怎么走？请告诉大家你选择这条路线的理由。

理由：_____

_____

_____

_____

_____

丝博士告诉你

请拿一个橘子，剥开皮，理解一下平面地图和立体实物之间的关系吧。

我们现在所用的世界地图的绘制方法叫"墨卡托投影法"，是由荷兰地图学家墨卡托（G. Mercator）创立的。用这种地图绘制方法，很多地方的实际面积与地图上有很大不同，会产生变形。在南北回归线之间的

部分拉伸幅度较小，在离南北两极最近的地方拉伸幅度最大，在极点的比例甚至达到了无穷大。

拓广探索

请阅读"知识卡片"中的内容，填写表格，并思考四条丝路在某一时期达到鼎盛的原因。

丝路名称	鼎盛时期（朝代）	原因
沙漠绿洲丝路		
草原丝路		
西南丝路		
海上丝路		

知识卡片

"丝绸之路"的概念是19世纪德国地理学家李希霍芬（Ferdinand Paul Wilhelm Richthofen）提出的，用于描述公元前后东西方文化交流中最为频繁的一条交通要道。由于丝绸是在此道上交易的重要贸易产品，故称"丝绸之路"。现在公认的丝路一共有四条：沙漠绿洲丝路、草原丝路、西南丝路和海上丝路。

◎ 沙漠绿洲丝路

沙漠绿洲丝路，也叫"西北丝路"，又称"西域丝路"，是著名的亚欧文化交流之路。沙漠绿洲丝路东起当时的长安，经河西走廊到敦煌，由敦煌起可分为南北两路，南路从敦煌经楼兰、于阗（tián）、莎车等地，越葱岭到大月氏（zhī）、安息（西史称"帕提亚"），再往西可达条支、大秦。北路从敦煌到交河、龟兹、疏勒，越葱岭到大宛（yuān），再往西经安息而达大秦。

> 世界上历史悠久、地域广阔、自成体系、影响深远的文化体系只有四个——中国、印度、希腊、伊斯兰，再没有第五个；而这四个文化体系汇流的地方只有一个，就是中国的敦煌和新疆地区，再没有第二个。
>
> ——季羡林《敦煌学、吐鲁番学在中国文化史上的地位和作用》

沙漠绿洲丝路最早起源于张骞出使西域时。西汉时期，汉武帝派使者张骞出使西域，逐渐形成一条以长安为起点，经甘肃、新疆，到中亚、西亚，并连接地中海各国的陆上通道。而这条沟通中西的陆上丝绸之路在汉代之后，由于中国内部朝代更迭频繁、战乱四起，曾经沉寂过一段时间，直到隋朝才重新繁荣起来，并在唐朝到达了鼎盛。

沙漠绿洲丝路沿途多为沙漠和戈壁，由绿洲逐站相连。这条丝路的东段，是葱岭以东的西域地区，沿线的甘肃武威，新疆罗布淖尔、民丰尼雅、楼兰，内蒙古扎赉诺尔等地都发现了汉朝丝织品。这些发现说明，大量中国丝绸曾经此道源源不断地传入西亚以及欧洲，见证了这条古道历史上的辉煌。

◎ 草原丝路

草原丝路所经之处多是无边的草原，游牧民族是这条丝路的主要开辟者。草原丝路形成的时间可能比沙漠绿洲丝路还要早，最早可以追溯到神农、黄帝时期。这一时期，游牧民族正从"逐水草而迁徙"的采集、狩猎经济向农业、畜牧业经济转型。草原丝路的兴盛期在公元前2000年到公元前300年之间，并在公元前500年前后达到辉煌期。草原丝路东起大兴安岭，翻越阿尔泰山天堑，再经准噶尔盆地到哈萨克丘陵，或者直接由巴拉巴草原到黑海低地，横贯北纬40°到50°之间的亚欧大陆。

相对稳定的社会结构与对大宗商品的广泛需求是贸易道路形成的前提。作为农业地区，中原以农耕为主，盛产粮食、麻、丝及手工制品，但缺乏农业发展所需要的大量牲口畜力；北方草原地区以畜牧业为主，盛产牛、马、羊及皮、毛、肉、乳等畜产品，但缺少粮食、纺织品、手工制品等生活用品。中原地区与北方草原地区在经济上需求互补，成为双边贸易持续发展的先决条件。而从中原人民手上交换到丝绸的草原游牧民族，在亚欧大陆上，扮演了最早的丝绸商贩角色；吉尔吉斯斯坦草原和俄罗斯干草原，也成为丝绸之路最早通过的地方。

最晚在西周早期，通往阿尔泰山的丝绸贸易之道就已经非常活跃了。西汉张骞以其亲身实践和调查研究，考察发现了早已存在而被匈奴阻断了的早期丝绸之路。《史记·大宛列传》和《汉书·西域传》将草原丝路的具体路线、交通网络及重要城郭等明确、具体地记录了下来。

◎ **西南丝路**

西南丝路始于四川成都，分为东、西两道：其中东道经彭山，从岷江而下至大理；而西道沿"古牦牛道"而行，经攀枝花，渡金沙江至大理。两道合流后，再从瑞丽至缅甸境内，最后水、陆二途从缅甸经印度半岛和东南亚，最远可到达欧洲与北非。关于西南丝路的文献记载最早见于《史记》。但这条道路的开通远远早于有史可查的年代。这条南方陆上丝绸之路中最早路线的开通，并不是当时统治者有意为之，而是当地各民族之间长期交往和各国商人自发贸易的结果。

唐蒙是西南丝路厥功至伟的筑路者和奠基者。汉武帝时期，唐蒙上书建议通夜郎道，并置官吏，准备作为奇兵将来攻打南越之用。汉武帝于是拜唐蒙为郎中将（一说中郎将），并命其带领士兵从巴郡的符关（在今四川省泸州市合江县）入南夷，通过恩威并施的方式成功招抚了夜郎国。夜郎国被汉朝招抚后，且兰、句町、漏卧等各小邑也纷纷望风而降（它们合称"夜郎地区"，有时候也合称"夜郎国"），建立了"西南夷"开发的第一个郡——犍为郡，由此拉开了"西南夷"开发的伟大序幕。

> 汉因大夏，乃命唐蒙。劳浸、靡莫，异俗殊风。夜郎最大，邛、筰称雄。及置郡县，万代推功。
>
> ——（唐）司马贞《史记索隐述赞》

东汉时期，滇缅道路被打通。东汉政府与缅甸等建立了经济与文化关系，以中国的丝绸换取缅甸和印度的宝石、翡翠、犀角和象牙等特产，而中国丝绸再由缅甸传入印度、阿富汗，继续向西传播。

当时存在着一个强大的部落联盟，势力范围涵盖了今日西藏自治区的大部分地区，人称"象雄古国"。他们以条件最为优越的象泉河谷为中心，在高原上游牧、狩猎，在河谷地带开垦农田，从中原引入织锦。优越的地理位置，使得象雄成为古丝绸之路的天然驿站。

在象雄古国之后，取而代之的是古格王朝。古格国王亲自指挥修建水渠，灌溉良田无数；加上羌塘盐湖里取不尽的食盐、高山中挖不完的黄金、草原上采不完的羊绒，古格王国以这些物产为基础与邻国开展贸易，促进了西南丝路中高原路线的繁荣。

◎ 海上丝路

海上丝路是唐宋以后最重要的对外贸易通道。宋朝时，由于西北商路被阻断，海上丝路兴起。通过海上丝路，中国的茶叶、瓷器等商品被源源不断地运往海外，东南沿海聚集了来自拜占庭、大食、波斯、印度等世界各地的客商。海外贸易是宋元时期朝廷的主要财政来源之一，宋朝一半的财政收入仰赖于海贸。

海上丝路开辟的时间很早，最初只是东海丝路，主要通往朝鲜半岛和日本，后来逐渐发展出南海丝路，以郑和下西洋为契机，到达东南亚各国及阿拉伯半岛。15世纪的地理大发现，使世界进入了一个新纪元，海上丝路的线路又有了新变化，打通了从中国直接抵达欧洲和美洲的通道。明代中叶，西班牙和葡萄牙商人分别从太平洋和印度洋到达中国海域，开辟了太平洋商路和印度洋商路，延续了200多年。17、18世纪的荷兰和英国，18世纪末的美国，也陆续加入了与中国的丝绸贸易，中国的丝绸通过海上丝绸之路已能运往世界的任何一个角落。

🪶 集思广益

与你的小组成员一起讨论：四条丝绸之路中，哪一条对今天的中国影响最为深远？

_____

_____

_____

课时 2　丝路上的城市与驿站（上）

问题导入

　　丝绸之路以贸易交流而闻名于世。作为西域交通要道所经之处，楼兰、精绝、于阗等地区曾经都具有很发达的农业。然而，在今天，古代的大片良田都已沦为流沙，许多古城已被风沙掩埋成为废墟。这些城市当时是如何连接起来的？丝绸之路为何会消失在荒漠之中？接下来让我们一起探究吧。

拓广探索

　　在地球卫星图上，我国的西北地区有这么一只"大耳朵"，你知道这是哪里吗？

罗布泊遗迹（卫星图片来源于美国国家航空航天局）

这便是新疆地区的罗布泊遗迹。罗布泊曾经是我国的第二大咸水湖，也是西北地区最重要的大湖之一，汉朝就有关于它的记载。但是罗布泊在近百年间逐渐干涸，像耳朵一样一圈圈的纹路，便是湖水一步步退缩的痕迹。罗布泊曾经是塔里木河的终点，罗布泊人曾经过了上千年捕鱼为生的日子。而如今的罗布泊，则是另外一番风貌。

塔里木河流过干涸的塔里木盆地，是南疆的母亲河，天山以南的绿洲基本上都是靠塔里木河水灌溉的。沿着塔里木水系，在历史上曾经形成了一系列的城邦国家，这些国家就像一颗颗珍珠散落在塔里木盆地。这些城邦联通了东亚、中亚、西亚，成为商旅在广袤戈壁沙漠中的补给点和落脚点。

集思广益

是什么导致了罗布泊和塔里木河沿岸这些城邦国家的消失？请和你的同学讨论，交流你们的看法。

丝博士告诉你

塔里木河沿岸城邦国家消失的原因是多样的，包括外敌的入侵、丝绸之路的改道，甚至鼠疫的突发，但最主要的原因应该是自然环境的恶化。

以楼兰为例，随着人类活动的增多，本就脆弱的生态环境遭到了极大的破坏。胡杨树死亡，植被大规模减少，上游来水减少，河道干涸，湖泊面积也日益缩小。与此同时，荒漠的面积却在与日俱增，环境逐渐恶化。楼兰绿洲与烟波浩渺的水域罗布泊湖，自然景观不同，但是它们唇齿相依。因有罗布泊湖的存在，楼兰才得以闻名遐迩；湖消失后，楼兰也不复存在。

知识卡片

◎ 古城简介：楼兰

据《史记·大宛列传》和《汉书·西域传》记载，2世纪以前，楼兰就已经非常繁华了，是西域著名的"城廓之国"。它东通敦煌，西北可到焉耆和尉犁，西南则连通若羌和且末。

汉朝、晋朝的使者前往西域时，出了玉门关后，首先到达的便是楼兰。楼兰是沙漠绿洲丝路南线与北线的交叉点，商人、旅者、使者、僧人在这里接踵相随、络绎不绝，这也大大促进了中国同西方世界的经济文化交流。当时的楼兰绿洲无垠、沃野千里、阡陌纵横、物阜民丰，兴盛之况令人叹为观止。作为东、西方文化交流的枢纽，楼兰及其附近也形成了一个"国际化"的都市群，融汇东西、兼容并包。

然而，谁也想不到的是，盛极一时的楼兰古城突然神秘地消失了，原本烟波浩渺的罗布泊湖也逐渐变成草木不生的盐壳地。

◎ 古城简介：于阗

于阗国，地处塔里木盆地南缘，是一个十分古老的城邦。有关于阗的记载，最早见于《史记·大宛列传》："于阗之西，水皆西流注西海；其东，水东流注盐泽。"

西汉时期，中原的绫罗绸缎大量涌入于阗诸地，并进一步通过罽（jì）宾道输向西北印度的犍陀罗地区。于阗位于当时的交通要道上，与其他地区有着十分密切的贸易往来。除了丝织品以外，塔里木盆地南缘还有于阗产出的玉石、皮革、羊毛以及毛毡等货物，源源不断地向印度输送。在巴基斯坦塔克西拉古城遗址，就发现公元前1世纪时由于阗运去的玉石，存藏于工匠的珠宝罐中。

◎ 古城简介：精绝

精绝国是西汉时期西域一个狭小的城邦国家，接受着汉西域都护府的统辖，后于东汉时期被更为强大的鄯（shàn）善国吞并。作为丝绸之路上的交通要冲，精绝国一度繁华富庶、商贾云集。精绝国的主要产业是农业，主要种植枣树，因为枣树耐干旱盐碱，既可抵御风沙、美化环境，果实又可食用。他们还种植桃、苹果、杏、桑之类的果木。

水资源、耕地资源、林业资源是当地最为宝贵的资源，水的使用、树木的保护都有一套严格的管理办法。如果因为管理不善而导致损失，则会受到惩罚；如有耕地发生无水干旱的情况，则会及时调查并处理。《新疆出土佉卢文残卷译文集》中就有这样的描述："活树，应阻止任何人将树连根砍断，否则罚马一匹；若砍断树枝，则应罚母牛一头。"这便是当时这一制度的生动说明。

◎ 古城简介：龟兹（qiū cí）

龟兹一直以来都是塔克拉玛干沙漠北道的重镇，具有极其发达的宗教、文化与经济。龟兹的石刻艺术比莫高窟历史还要久远，也被现代石窟艺术家称作"第二个敦煌莫高窟"。龟兹人擅长音乐，龟兹乐舞发源于此。龟兹的冶铁业也是高度发达、闻名遐迩的，西域许多国家的铁器都依赖龟兹。此外，龟兹还盛产葡萄酒，唐朝的长安城，有许多酒肆卖的都是龟兹产的葡萄酒。

龟兹是一个非常特殊的区域，是古印度、波斯、古希腊、古罗马和中国这五大文明的交汇之处，这里数以万计的出土文物和大量的石窟都是龟兹汇聚各方文明的体现。扼守着丝绸之路北道中段之咽喉的龟兹古国，在畅通东西方贸易、沟通东西方文明方面，起到了重要作用，也因此在世界历史上占据着重要位置。

◎ 城市简介：西安

西安作为丝绸之路的起点，也被认为是中华文明的重要发祥地之一，历史上曾先后有 13 个王朝在此建都。西安简称"镐"（hào），古称"长安""镐京"，是陕西省省会。其地处关中平原中部，南依秦岭，北濒渭河，在 1981 年被联合国教科文组织认定为"世界历史文化名城"。

唐朝的长安城，是中国古代规模最宏伟、建筑最壮丽、布局最规整的都城。同时，长安城也是当时世界上最大的城市，面积 83.1 平方千米，是现在西安城墙内面积的 9.7 倍[①]，是古罗马城面积的 7 倍[②]，人口最多时超过百万。

◎ 城市简介：敦煌

敦煌位于河西走廊的最西端，是丝绸之路上著名的历史文化名城与贸易重镇，有着"戈壁绿洲""西部明珠"的美誉。同时，作为佛教艺术的殿堂、飞天艺术的故乡，敦煌学在世界范围内得到了广泛的认可，敦煌也被冯骥才先生赞誉为"人类的敦煌"。

敦煌自古就是一个多民族聚居的地区，粟特、吐蕃、回鹘、西夏等各族人民在此和平共处、友好往来，也因此塑造了百花齐放、绚烂多姿的文化盛景。自汉武帝时代"列四郡，据两关"以来，丝绸之路保持畅通，历代皇帝都很重视西北的经营与开发。也正因如此，作为西北门户的敦煌直到唐朝都十分繁荣。由于欧洲、地中海沿岸和西域的玉器、玛瑙、奇禽异兽、农作物等若要长途转运到中原，都必然经过丝路要道敦煌，因此，这一时期的敦煌也成为名副其实的中西交通的"咽喉锁钥"。

---

① 马得志. 唐代长安城考古纪略 [J]. 考古，1963（11）：595–611.
② 徐卫民. 汉长安与古罗马城政治功能比较研究 [J]. 文博，2018（3）：28–34.

◎ 城市简介：喀什

喀什地区古称"疏勒""任汝""疏附"，是古丝绸之路的交通要冲，中外商人云集的国际商埠。作为新疆的历史文化名城，喀什地区集中展现了维吾尔族的民俗风情、文化艺术、建筑风格及其传统经济的特色和精华。

喀什地区同时被天山、帕米尔高原和喀喇昆仑山环绕，只有东部一边敞开，面对的是一望无际的塔克拉玛干大沙漠。喀什坐落的平原，是在叶尔羌河、喀什噶尔河冲击下形成的。群山环绕的沙漠之中，喀什就好似一颗绿色宝石镶嵌其内，这也是喀什的全称是"喀什噶尔"的缘由，意为"玉石集中之地"。

◎ 丝路上城市的联结——驿站

同学们，你们知道，古代的这些城市是如何联结，中央的政令又是如何传递到偏远地区的呢？实际上，这仰赖于当时发达的"邮驿系统"。不同城市通过驿站的连接而组成网络。汉朝的驿站分为置、骑、亭三个等级，主要负责传递朝廷官府的公文信件和出征将士的军情急报，接待来往路过的各级官员和中外使者。正是这些驿置机构和停靠站点，保证了丝绸之路的畅通繁荣。

1987 年，甘肃酒泉地区文物普查队在敦煌以东 56 千米处，发现了一处著名的古代驿站遗址——悬泉置。悬泉置当时的编制是"官卒徒御"37 人，这里是荒漠戈壁，南依三危山余脉，北临甜涝坝和西沙窝，地形有沙漠和湿地，是敦煌与瓜州（古称"安西"）东西交通的必经之地。悬泉置的全称应是"敦煌郡效谷县悬泉置"，是效谷县下属的一处邮驿机构。而在其南 2 千米处有一泓泉水，几千年来终年流淌，至今不竭，由此得名"悬泉"。

悬泉置遗址俯瞰图

　　在丝绸之路上，大约每 30 千米就会设有一座驿站。比如，当时的东西两端长达 300 千米的敦煌郡中，就设立了 9 座驿置机构，如悬泉置、鱼离置、遮要置。根据敦煌悬泉置遗址出土的"里程简"的记载，从长安到敦煌，大约有 40 多个类似悬泉置这样具备综合功能的邮驿接待机构。而同样在该遗址发现的《敦煌悬泉月令诏条》则表明，汉朝的政令发布及传播已经形成一套严格的制度化规范体系，确保中央王朝与边郡机构之间政令畅通，在整个大汉帝国中形成了完整的邮驿交通和信息传递网络。

🖋 **集思广益**

　　如果能回到过去，你觉得是否有办法让楼兰古城避开被风沙掩埋的灾难呢？请和同学们讨论。

_____

_____

_____

_____

_____

课时 3　丝路上的城市与驿站（下）

问题导入

　　亲爱的同学，一个城市的标志能够代表该城市的文化特征，具有传承价值，同时也具有很高的抽象性。给人以深刻印象并且令一个城市引以为豪的标志性事物，是识别城市的一张通俗易懂的名片。那么，城市的标志是怎么设计的呢？如果请你给丝路上的城市设计城市标志，你会怎么设计呢？

学习任务

　　亲爱的同学，请选择一个丝路上的城市，为它设计一款城市标志吧。请简要说明一下设计理念。

城市标志	
设计理念	

🖋 知识卡片

◎ 杭州城市标志

　　杭州城标由篆书的"杭"字形变而得，体现了中国传统文化的底蕴，而该标志开放的结构又体现了杭州大气舒展的气度。同时，城标巧妙地将航船、园林、拱桥、亭台楼阁等诸多要素和谐相融，尤其是在其中加入了江南建筑中独特的翘屋角和圆拱门等元素，体现了杭州作为江南重镇的特色。

杭州城市标志图

　　"杭"字的古义即为"渡"，在《诗经·卫风》中就有"谁谓河广？一苇杭之"的说法，而杭州的得名也有"大禹舍舟登船"的历史典故。因此，以"船"为杭州城标的整体造型很好地体现了杭州作为历史文化名城的底蕴。该标志还寓意着今天的杭州也正如一艘航船，即将扬帆起航，展现出锐意进取、意气风发的精神面貌。

　　此外，该标志的右半部分隐含了杭州著名景点"三潭印月"的形象，体现了杭州的地域特征；最右侧的笔触模拟了溅起的浪花，含蓄地传达了城市与水相互依存的关系，也体现了杭州"五水共治"的成效。

课时 4 如果"它"会说话（上）

问题导入

　　沙漠绿洲丝路上许多曾经繁华的古城现已消失在历史长河之中。那还有谁能向我们诉说沙漠绿洲丝路鼎盛时期的故事呢？当然是那些历经风霜却依然存在的文物。接下来，让我们通过三件文物的自我介绍，认识一下这些伟大的文物，并透过它们认识那条伟大的丝路。

知识卡片

◎ **五星出东方利中国锦护膊的自我介绍**

五星出东方利中国锦护膊，新疆维吾尔自治区博物馆藏

　　我是一个护膊，我的身上不仅织了孔雀、仙鹤、老虎等瑞兽，还有云气纹作为间隔。在这些花纹的中间，我的创造者用篆书写下了"五星出东方利中国"八个字。1995 年，我在考古工作者的帮助下得以重见天日，他们叫我"五星出东方利中国锦护

脯"。我的背后，是一个沉睡了一千多年的神秘王朝，她叫精绝。精绝是汉朝西域三十六国之一，虽然她只是一个有着数千人口的小国家，但是我很爱她，因为她是我的家乡。

我身上所谓的五星，指的是金、木、水、火、土五大行星，这是我们那个时代的卜辞用语。而中国，不是现在所讲的"中华人民共和国"，我们那个时代用"中国"来指代一个区域，华夏儿女居住的一个地区。没想到千年后这片土地依然被称为"中国"，我这个老古董是非常欣慰的。

我身上还有着许多色彩，白、绿、蓝、红、黄都可以在我的身上找到。在那时候，我们采用的是草木染，请问你们现代用什么方法给织物染色？

◎ **素纱单衣（曲裾）的自我介绍**

素纱单衣（曲裾），湖南省博物馆藏

　　两千多年前，我陪我的主人走完了最后一程，我见证了她从花季少女变成花甲老太的一生。她地位显赫，是长沙丞相利苍的妻子，名叫辛追。我是众多衣物里面她最喜欢的一件，她常常和人夸奖我的轻薄、通透。

　　作为一件衣服，我觉得我是成功的，平肩、宽袖、直身，但我并不追求合体，我和主人之间有一种内部空间，有空气在流动。她穿上我之后是自由的，她可以自由地起舞，我也随着她摆动，她曾经惊艳了时光。

　　作为一名伙伴，我也是合格的。她入葬之后，我陪她一起沉睡了两千年。这两千年间，她虽然没有办法重新和我起舞，但我们近在咫尺。我们一起重新面世后，带给后辈们许多惊喜与意外。

　　据说后辈们用两千多年后的科技，花费了数十年的时间才将我复制完成，想到这里我还有一些骄傲呢！你们知道我的复制品是怎么问世的吗？我也想听一听这个两千年后的"双胞胎"的故事呢！

◎ **铜奔马的自我介绍**

铜奔马，甘肃省博物馆藏

　　我是一匹马，我跑得非常快，我脚下的飞鸟十分震惊于我的速度。我来自雷台，那里是河西走廊的一部分，我曾经随着无数的骑射男儿纵横驰骋。汉朝皇帝为了得到我，屡次向西域发出求取宝马的号令，我也被他冠名为"天马"。我跟随着大汉的将士，走出关塞，凿空天险，开辟道路。丝绸之路的形成也有我的功劳。

　　如果你仔细观察我，你会发现我的走姿与现代的马儿不太一样。你们现代的马儿，是四足交错步奔跑的，而我则是同一边抬起或放下的，像不像人顺手顺脚在走路？这并不是设计师粗心大意，而是我真实的样子。对侧步可以说是我们河西走马的优点，这样走路稳定性更高，我身上的骑兵射箭时的准确度便会更高，使得队伍力量大大提升。

　　现代的人们对我十分重视，我在 1983 年被定为中国旅游的标志，1996 年被定为国宝级文物，2002 年被定为第一批不能出国展出的文物。和我一起的小伙伴们，同样是大气恢宏、气宇轩昂，我们有一个很有气势的名字——"地下千年雄狮"。

集思广益

和同学们交流分享你对以下问题的思考。

1. 五星出东方利中国锦护膊是在哪里出土的，为什么可以保存得如此完好？

_____

_____

_____

_____

2. 素纱单衣（曲裾）以现代工艺复制都很困难，你觉得是为什么呢？

_____

_____

_____

_____

_____

_____

3. "天马"是否真的存在？你觉得，"天马"有什么象征意义呢？

_____

_____

_____

_____

_____

课时5　如果"它"会说话（下）

📗 **学习任务**

亲爱的同学，经过上节课的学习，你已经知道如何用文字来介绍文物了吧？除了文字，我们还可以用图案来把文物介绍给其他同学呢。看看下面的例子，也请你根据提供的材料，为你喜欢的文物写一段"自我介绍"，并给它们设计一款卡通图案吧。

📗 **知识卡片**

以下就是一些文物的原型、卡通形象和简介。

文物原型	卡通形象	简介
彩绘女立俑，陕西历史博物馆藏	图片来自陕西历史博物馆	彩绘女立俑形象是唐三彩人俑中形象塑造得最成功、最富生命力的，女俑面容祥和、体态多姿，拥有鲜明的唐代风采。
《鹿王本生图》，图片来自敦煌研究院	图片来自上海美术电影制片厂1981年出品的动画作品《九色鹿》	《鹿王本生图》是敦煌莫高窟第二百五十七窟中的壁画，描绘了佛教创始者释迦牟尼生前所经历的许多事迹。这一图画，主要表现"舍己救人"的故事。

集思广益

请和你的小伙伴一起交流一下：这些文物的卡通形象有什么特点？

_____

_____

_____

_____

学习任务

请在"知识卡片"里的两件文物中选择你喜欢的一件。根据文物的简介资料，为它写一段 300 字左右的"自我介绍"（至少包括距今时间、地点、文物背景等），并为它设计一个卡通形象吧。

自我介绍：

_____

_____

_____

_____

_____

_____

_____

_____

_____

_____

_____

_____

卡通形象设计：

知识卡片

◎ 镶金兽首玛瑙杯

镶金兽首玛瑙杯，陕西历史博物馆藏

　　镶金兽首玛瑙杯由一块极为珍贵的五彩缠丝玛瑙雕刻而成，材质纹理细腻、层次分明，杯子整体形状如同一只兽角，而杯身的前部雕刻成了一只双目圆睁的牛形兽首。兽嘴处有一个镶金的酒塞，取下塞子后，酒就可以从兽嘴中流出。兽首上的一对羚羊角呈螺旋状弯曲，与杯身连接，线条流畅自然，细微处刻画得惟妙惟肖。这件器物很好地体现了古代工匠"依色取巧、随形变化"的高超技艺，是至今所见唐代唯一的俏色玛瑙雕像，其选材、设计和工艺都极其完美，是唐代玉器中作工最精湛的一件。

　　这件玛瑙杯的造型在中亚、西亚等地十分常见，在中亚的一些壁画中也可以看到类似的器皿。专家认为，其造型的来源可能是当时欧洲一种叫"来通"的酒具。"来通"在古希腊语中有"流出"的意思。当时的人们相信这种功能如同漏斗的酒器可以防止中毒，举起"来通"将酒一饮而尽则能表示其对神的尊敬，因此它也常用于礼仪和祭祀活动。而在我国，这种酒具较常出现在胡人的宴饮场面中。这件器物的出土也是唐朝贵族崇尚胡风、模仿新奇的见证。

◎ **鎏金铜蚕**

鎏金铜蚕，陕西历史博物馆藏

　　鎏金铜蚕于 1984 年出土于陕西省安康市石泉县，是一件西汉时期的古物。它惟妙惟肖地表现了一只体态为仰头或吐丝状的幼蚕，制作精致、造型逼真、保存完好，属于国家一级文物。该鎏金铜蚕全身首尾共计九个腹节，胸脚、腹脚、尾脚均完整，颈背部和腰背部各有几道凸线纹，腹部则素面无纹。

据《石泉县志》记载，此地自古以来就盛行养蚕之风，直到今日，石泉蚕丝依然是享誉世界的特色商品。而鎏金铜蚕的发现，表明汉朝时陕西汉中地区的蚕桑业就已经颇具规模了。而当时鎏金工艺也不断发展，因而有条件以鎏金蚕作纪念品或殉葬品。

拓广探索

这件展品是三彩骆驼载乐俑。你能在这件展品上找到几个人物？请和小伙伴们一起来模仿一下他们的表情，用相机记录下来并和他们的表情比较一下吧。

三彩骆驼载乐俑，陕西历史博物馆藏

笙　　　　　　　　箫　　　　　　　　排箫

琵琶　　　　　　　箜篌　　　　　　　横笛

拍板　　　　　　　歌女

三彩骆驼载乐俑中的乐器及乐者图

　　唐三彩是我国古代陶瓷艺术宝库中的瑰宝，其中尤以各类人物陶俑最具特色和艺术价值；而这尊三彩骆驼载乐俑更以其完美的品相、精湛的工艺、富有质感的色彩和惟妙惟肖的人物刻画，成了众多唐三彩中的珍品，在 2013 年还被列入《第三批禁止出境展览文物目录》。

之所以叫"载乐俑"，是因为在这头引颈长嘶的骆驼之上所载的是一个大唐乐团。这个乐团共有 8 人，其中 7 人是头戴软巾幞（fú）头、身着圆领窄袖长袍的男子，他们围成一圈，面向外侧，全神贯注地演奏着手中的乐器；这些乐器中既有汉族的传统乐器，如笙、箫，也有西域胡乐，如琵琶、横笛。而在这些男子中间，一名身着高束腰窄袖衫、梳着颇具胡风的乌蛮髻的丰盈女子正在歌唱。

集思广益

有人说三彩骆驼载乐俑中的这支乐团，是只有在唐朝才能组成的乐队。为什么会这么说？

_____

_____

_____

_____

丝博士告诉你

盛唐是一个开放自信的伟大时代，作为当时世界上最为繁荣昌盛的帝国，它对来自世界各地的文化都具有很强的包容性。三彩骆驼载乐俑中的乐团，就是盛唐的一个缩影。它体现了创造者对太平盛世的赞美，同时也表达了其对美好生活的追求。

在时间维度上，这是一支跨越千年的乐队。雅乐是西周时期宫廷演奏中主要的乐舞形式。胡乐进入中原，离不开丝绸之路的联通，同样也促进了散乐的发展。这三个乐种，只有到了盛唐才得以融合，形成一个独特的时代符号。

在空间维度上，这是一支跨越千里的乐队。竖琴来自两河流域，箜篌、琵琶来自天竺，横笛来自西域，发源于中亚的胡旋舞也通过丝绸之路来到了盛唐。在盛唐时代，骆驼驮来了各地的奇珍异宝，驮来了乐器、蔬菜、文字、音乐、舞蹈，这些都被开放的盛唐所接受和包容。

🖋 **项目学习小档案**

在这一节中，你学到了哪些知识呢？快用思维导图梳理一下吧！

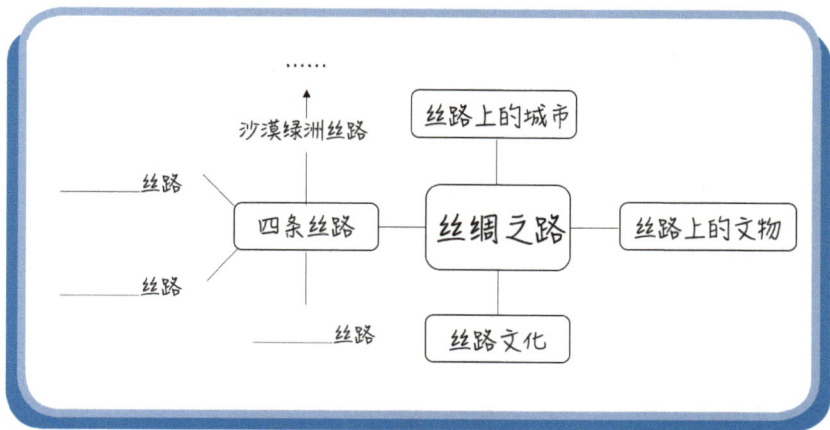

49

在这一节中，你做成了哪些有意义的事呢？

活动类型	你所完成的事
小组活动	
个人学习	

第三节 丝路上的大人物与小人物（3课时）

情境引入

丝绸之路的繁荣，离不开无数人的世代努力。这些人当中，既有帝王、将相等"大人物"，也有商旅、僧人等"小人物"。无论地位高低，他们都推动了丝路的发展。接下来，让我们一起认识丝路上最具活力的元素——人。

核心问题

1. 在丝路的发展中，有哪些重要的大人物？他们为丝路做出了哪些贡献？

2. 在丝路的发展中，有哪些默默无闻的小人物？他们对丝路的形成与发展产生了怎样的影响？

3. 对丝路的形成、发展、繁荣影响更大的，究竟是封侯万里的大人物，还是勤劳智慧的小人物？

核心目标

1. 梳理丝路上历史人物的传奇故事，认识到他们对于丝路发展的重要作用，同时能够辩证地看待"大人物"与"小人物"在历史发展过程中的贡献，对于"人民是历史的创造者"这一论断有更加深入的认识。

2. 知道不同民族在丝绸之路上的历史活动，认识到中国自古以来就是多民族国家。

3. 通过小组合作、辩论比赛等形式，加强团队合作意识。

4. 撰写颁奖词，参与或欣赏辩论赛这种语言竞赛类活动，提升语言表达能力和思辨能力。

课时1　丝路上的大人物

学前挑战

亲爱的同学，你知道的与丝路有关的人物有哪些？让我们进行一个小组比赛，看看哪个小组说得更多。要求：

1. 说出并正确写出人物的姓名。
2. 说出人物的身份和所处朝代。
3. 用一句话概括人物事迹或其对丝绸之路的贡献。

学习任务

请阅读"知识卡片"中的内容，并选择一个人物，为这个人物撰写一段颁奖词。

颁奖词模板：

人物	
一句话简介	
主要贡献	
奖项名称	
颁奖词	

拓展资料

"感动中国"人物颁奖词案例。

◎ **吴孟超**（中国肝胆外科医学奠基人，90 岁高龄仍在手术台前治病救人）

　　60 年前，他搭建了第一张手术台，到今天也没有离开。手中一把刀，游刃肝胆，依然精准；心中一团火，守着誓言，从未熄灭。他是不知疲倦的老马，要把病人一个一个驮过河。

◎ **王海**（中国人民解放军空军原司令员，抗美援朝时期率领队伍击落敌机 9 架）

　　在朝阳下俯冲，迎着西风开火。空中的尖刀，以一当十；疆土的坚盾，巡天卫国。山河已无恙，祖国的雄鹰已飞得更高；你刻在机身上的星星，是战士们的巡航坐标。

◎ **张桂梅**（云南丽江华坪女子高级中学校长，帮助 1000 多名女孩走出大山）

　　烂漫的山花中，我们发现你。自然击你以风雪，你报之以歌唱。命运置你于危崖，你馈人间以芬芳。不惧碾作尘，无意苦争春，以怒放的生命，向世界表达倔强。你是崖畔的桂，雪中的梅。

知识卡片

　　大家都提到了许多推动丝路发展的重要人物。我们会发现，推动丝路发展的群体包括使者、僧侣、皇室、方士、旅行者等。

◎ **丝路上的使者：张骞**

　　建元二年（公元前 139 年），张骞奉汉武帝之命出使西域，旨在联合大月氏，以夹攻匈奴，"断匈右臂"。然而出发后不久，张骞一行人便被匈奴抓获；但即使身处敌营，张骞始终"不辱君命""持汉节不失"。10 年后，他终于设法逃跑，继续向西，历经艰辛，到达大宛国、大月氏、大夏，他向当地国王表达了通好的意愿，因此受到盛情接待。同时，他在大夏的集市上看到许多东西方的商品，其中包括四川产的邛（qióng）竹杖和蜀布，据说是四川经印度流通而来的。由此，他产生了和西域国家进行经济贸易往来的想法。

在距离出发时 13 年后，张骞返回长安，出发时 100 多人，回来只剩他和一个随从。张骞向汉武帝详细汇报了西域各国的情况，并建议和西域各国友好往来。张骞一行是我国历史上第一个出使西域的官方使团。这次行动史称"凿空"，是一次空前的探险。因此，张骞也被认为是世界上第一个伟大的探险家、旅行家和外交家。

元狩四年（公元前 119 年），张骞奉命出使乌孙，率 300 人组成的使团带牛羊金帛上万。至乌孙后，又分遣副使赴大宛、康居、月氏、大夏等邻国，与中亚各国正式通好。在汉军与匈奴的连年战争中，匈奴失去了阴山和祁连山两大蕃息之地，退居漠北荒原。汉朝在河西设置武威、酒泉、张掖、敦煌四郡，设西域都护府，切断了匈奴与羌的交通，从此这条古老商道上商人与僧侣络绎不绝，迎来了东西文化、经济的交流高峰。中国丝绸也成了这条商路上运输与交换的重要产品。

张骞通西域示意图 [1]

◎ 丝路上的僧侣：玄奘

　　唐朝著名高僧玄奘，被尊称为"三藏法师"，后世俗称"唐僧"。

　　唐朝初期，中华大地上流行着各派的佛教学说，玄奘探究各派分歧，于贞观元年（627年）西行5万里，前往印度佛教中心那烂陀寺求取真经。留居印度期间，玄奘学遍了大小乘佛学的各种学说。17年后返唐，他带回珍贵的佛舍利、佛像、佛经，并长期从事佛经翻译的事业。

　　在《大唐西域记》中，玄奘记述他西游亲历的100多个国家及听闻的数十个国家的山川、地邑、物产、习俗等。明代吴承恩以其取经事迹为原型，创作了家喻户晓的文学作品《西游记》。

　　玄奘不仅对佛教文化的传播产生了重要影响，而且为中外文化的和平交流做出了杰出贡献。他不畏艰险、虽百死而犹未悔的精神更是中国、亚洲乃至世界人民的共同财富。

① 根据黄时鉴主编的《解说插图中西关系史年表》中张骞通西域示意图所绘。

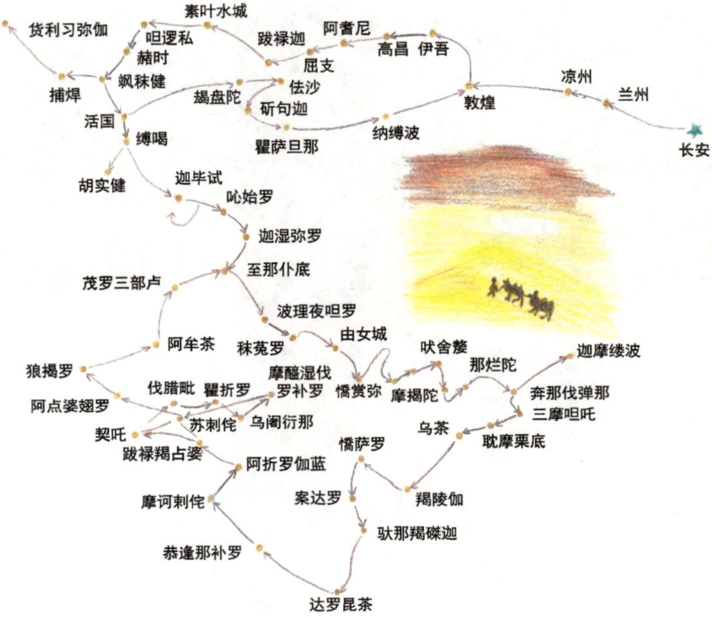

货利习弥伽 素叶水城 跋禄迦 阿耆尼
咀逻私 屈支 高昌 伊吾
赭时 佉沙 凉州 兰州
飒秣健 羯盘陀 斫句迦 敦煌
捕喝 纳缚波 长安
活国 缚喝 瞿萨旦那
胡实健 迦毕试
呬始罗
迦湿弥罗
至那仆底
茂罗三部卢 波理夜呾罗
由女城 咕舍婆 迦摩缕波
阿牟茶 秣菟罗 那烂陀
狼揭罗 摩醯湿伐 奔那伐弹那
伐腊毗 罗补罗 憍赏弥 摩揭陀 三摩呾吒
阿点婆翅罗 瞿折罗 乌阇衍那 憍萨罗 乌茶 耽摩栗底
契吒 苏剌侘
跋禄羯占婆 阿折罗伽蓝 羯陵伽
摩诃剌侘 案达罗 驮那羯磔迦
恭建那补罗
达罗昆茶

玄奘西行示意图 [1]

◎ **丝路上的公主：解忧公主**

在丝路发展的漫长岁月里，有这样一位公主：她 20 岁时，便踏上丝路，远嫁乌孙国；而她的婚姻就是为了维系汉朝与乌孙国的关系而存在的。乌孙国地处天山北麓，为丝绸之路的要冲之地，同时国力在西域诸国中较为强大，因而长期承受着来自汉朝和匈奴的压力和拉拢，始终摇摆不定。解忧公主下嫁乌孙后不久，国王就驾崩了，根据乌孙国习俗，她又改嫁新一任国王翁归靡。翁归靡十分宠爱解忧公主，在解忧公主的影响下，乌孙国也逐渐倾向汉朝、疏远匈奴。

---

① 根据黄时鉴主编的《解说插图中西关系史年表》中玄奘西行略图所绘。

匈奴因此非常痛恨解忧公主，时常发兵入侵乌孙，甚至要求乌孙王交出解忧公主，与汉朝断绝往来。乌孙王翁归靡没有屈服，一面出兵抵抗，一面同解忧公主上书汉朝，请求汉廷出兵共抗匈奴。汉宣帝即位后，本始二年（公元前 72 年），汉朝军队在乌孙骑兵的配合下攻打匈奴——这也是汉朝历史上规模最大的一次对外骑兵出征，并获得了压倒性的胜利。从此，匈奴江河日下，再无力对抗汉朝。此后数十年间，汉朝西北边疆再无战事，丝绸之路畅通无阻，商业贸易得到空前发展，汉朝与西域各国的交往也日益密切。

几十年后，解忧公主已是古稀之年，她上书汉朝皇帝表达了对故土的思念，汉朝皇帝便派人将她迎回长安。回到长安两年后，她便与世长辞。为了汉朝的和平与安定，她不惜牺牲自己的个人利益，毅然远嫁乌孙，巩固汉朝政权，为汉朝的发展做出了重要贡献。

◎ 丝路上的方士：徐福

徐福是秦朝著名的方士，相传是著名纵横家鬼谷子的弟子。什么是方士呢？方士指的就是通晓天文地理、占卜吉凶和炼丹制药的人。秦始皇在执政末年一直沉迷于寻找长生不老药，因此命徐福多次从渤海湾出海，寻找三神山（蓬莱、方丈、瀛洲）以求长生不老药。徐福出海寻找仙人，这也是中国最早的大规模航海活动。按照秦朝的造船技术，以每艘船搭载 100 余人来计算，当时的船达到数十艘。可见徐福对渤海的季风、潮流、气候等信息十分了解，说明其也是一位非常优秀的航海家。

徐福最后出海的目的地"瀛洲"，一般认为就是现在的日本。《日本国史略》记载道："孝灵天皇七十二年，秦人徐福来。"因此，徐福也可以说是中日历史文化交流的先驱。在日本的很多地区，都还保留着纪念徐福的寺庙或塑像，在日本的和歌山县有着以"秦"为姓氏的居民，这也是徐福东渡日本后带来的影响。

◎ 外国旅行者：马可·波罗

马可·波罗（Marco Polo）出生于威尼斯的一个商人家庭，其父亲与叔叔都是威尼斯商人。1271 年夏，马可·波罗与父亲、叔父一起坐船离开威尼斯，并于同年 11 月在地中海东岸的阿迦城登陆，后沿丝绸之路东行，穿过了叙利亚、两河流域、伊朗全境以及中亚沙漠地带，在翻越了帕米尔高原后，经喀什、于阗、罗布泊、敦煌、玉门一带，于 1275 年 5 月到达上都（今内蒙古自治区正蓝旗境内），并受到了元世祖忽必烈的接见。

他在中国游历了 17 年，据说还曾到过西南与东南地区。他返回威尼斯后，在一场战役中被俘，在监狱中通过口述的方式，由比萨的鲁斯蒂谦（Rustichello da Pisa）执笔写下了著名的《马可·波罗游记》（又名《东方见闻录》）。不过，由于这本书中对中国的描写存在一定错误，因此关于"马可·波罗究竟有没有来过中国"一事一直存在争议。马可·波罗在游记中对中国极尽赞美，他写道："东方是金瓦盖顶，金砖铺地，门窗都是黄金装饰，连河道里都有滚动的矿石，东方简直是一个灿烂辉煌的黄金世界，冒险家的乐园。"

🖋 成长日记

本节课中，你印象最深的颁奖词是＿＿小组给＿＿＿＿＿写的。

理由是：＿＿＿＿＿＿＿＿＿＿＿＿＿＿＿＿＿＿＿＿＿＿＿＿＿＿＿＿＿

＿＿＿＿＿＿＿＿＿＿＿＿＿＿＿＿＿＿＿＿＿＿＿＿＿＿＿＿＿＿＿＿＿＿

课时 2　丝路上的小人物

问题导入

鲁迅先生曾经说过："世上本没有路，走的人多了，也便成了路。"丝绸之路也是如此。赫赫有名的大人物为这条路增添了传奇；那些默默无闻的小人物也在这条路上书写着自己的故事，而他们的故事同样精彩。让我们一起去认识一下丝路上的小人物们吧。

知识卡片

古代在丝路上行走的官员如要提升行路速度或是需要食宿，则必然需要依赖国家的邮驿系统，也就是我们通常所说的"驿站"。通过邮驿系统，信息可以被非常快速地传递。诗人岑参就在《初过陇山途中呈宇文判官》一诗中写道："一驿过一驿，驿骑如星流。平明发咸阳，暮及陇山头。"他通过把驿骑比作流星，来形容驿传速度之快。

今天我们就来认识一个小人物，他就是汉代的一名驿站小吏——啬（sè）夫弘。

汉代从朝廷到地方，基层单位的领导统称为"啬夫"，这一称呼类似于今天所说的"单位主要领导"或"主要负责人"，是一个类属较多的统称。从层级上说，有"有秩啬夫"和"斗食啬夫"："有秩"是年奉百石的基层吏员，而"斗食"的年奉不过百石。

悬泉置是一个重要机构，事权重大，主要负责人是有秩啬夫。而在悬泉置前后存在的 200 多年时间里，啬夫弘是任职时间最长的一个驿站领导。我们今天就来看看他的故事。

从元康三年（公元前 63 年）一直到初元四年（公元前 45 年），啬夫弘一直在悬泉置任职。在这段时期，东方强大的汉王

59

朝已经掌控了西域，但是北边有匈奴，西边有乌孙、康居、大月氏、大夏、安息，南边有南亚次大陆古代印度诸小国。汉王朝的进取开拓战略主要在上述地区，经营范围和向西延伸的触角也在这些地区。

 集思广益

啬夫弘的悬泉置除了会接待郑吉等朝廷官员外，还有可能接待哪些行走在丝绸之路上的人呢？请和小伙伴们讨论一下。

 丝博士告诉你

事实上，啬夫弘除了接待朝廷使者、官员、将士等人外，不会接待其他客人。传统的邮驿仅用来传达政令及军情，民间通信无法利用，"官办民享"的国家邮政，直至清光绪二十二年二月初七日（1896年3月20日）始奉准开办民间传递业务。

 学习任务

请阅读故事背景。假如你是啬夫弘，请为自己写一份工作清单，其中包括你需要做的工作，以及需要准备的人员与物资。

故事背景：

神爵元年（公元前61年），匈奴日逐王降汉，朝廷派遣西域都护郑吉发动渠犁、龟兹五万人，将日逐王的人马护送到京师。途中需要经过悬泉置。本次护送任务前前后后总共进行了半年左右时间。

任务单：

啬夫弘需要做的工作	需要准备的人员与物资

🖋️ **丝博士告诉你**

啬夫弘需要进行的工作	需要准备的人员与物资
为来往官员、使者提供食宿	牛、羊、鸡、鱼、酒、米、粟、酱、豉、羹等佳肴，可供住宿的房间、被褥、洗漱用品
为朝廷传递信息、军事情报	信使、马匹
护送来往官员、使者	护送人员、车辆、马匹
为路过的军队提供粮草	行军粮食、马匹草料

🖋️ **集思广益**

《汉书》认为，汉朝能够控制西域，"始自张骞而成于郑吉"。郑吉在西域都护府建立初期，对西域进行了有效的管理，调解西域诸国之间的关系。他在西域20余年，以屯田渠犁、击破车师、迎降日逐王、出任西域都护而功绩卓著，永载史册。而他在西域整整20年，其间有15年的时间同悬泉置啬夫弘在任时间相重叠。

请以小组为单位讨论以下问题：

郑吉的功成名就是否与啬夫弘存在一定联系？如果存在，那是什么样的联系？

_____

_____

_____

_____

_____

🖋 **知识卡片**

◎ **丝路上的粟特商人**

　　商人是丝绸之路繁荣发展的重要群体。在汉唐的陆上丝绸之路上，粟特商人是中亚历史上著名的商业民族。从我国的东汉时期直至宋代，特别是在唐代，在以丝绸之路为中心的对外商业活动中，粟特人是最活跃的力量。"粟特"是他们的家乡 Sogdiana（索格狄亚那）的一种音译，位于今天的乌兹别克斯坦和塔吉克斯坦的几条贸易路线的中心地带。

　　粟特人的影响力中最令人惊讶的一个地方在于，他们的成功依靠的不是政治或军事力量。他们没有建立统一的帝国，他们在索格狄亚那建立的政治组织只是一些小的城镇，每个城镇有自己的领导者。他们就是靠着这种机动灵活的特性，将距离遥远的地区联系起来，找到其中的商机。

🖋 **学习任务**

　　刚刚我们尝试体会了啬夫弘的工作生活，现在让我们来尝试猜想一下粟特商人们的商旅生活。通过阅读以下故事背景，请你以粟特商人石染典的身份写一份"风险指南"，写出你认为你在丝路商旅过程中可能遇到的风险，以及可以采取的措施。

故事背景：

你叫石染典，是一名粟特商人。你带着 2 名随从、1 名奴隶和 10 头驴从瓜州到沙州（敦煌附近）经商，你每天只能行走 15 千米，沿途都是茫茫戈壁与沙漠。你会遇到哪些风险，你又会如何解决呢？

任务单：

风险	应急预案

🍃 **丝博士告诉你**

风险	应急预案
可能没有地方住宿	找旅店；在当地租赁或购买私宅；投宿到当地粟特同胞家中；准备露宿的毡帐
可能缺乏食物	准备馕饼等可以保存较久的食物
可能面对人员刁难或官府盘查	尝试去获得一个士卒或官吏的身份，与粟特族的官员搞好关系
缺乏资金，走不下去了	暂时居留此地，做转手贸易

🍃 **集思广益**

粟特人没有强大的国家、强大的军队做保障，在丝绸之路上走的也是"小商队模式""中转站模式"，然而他们却成了丝绸之路上最为活跃和强大的力量之一。

请以小组为单位讨论：为什么粟特人能够在丝绸之路上取得"大成就"？

_____

_____

_____

_____

_____

🖋 合作任务

实际上，如上所述的驿站小吏啬夫弘、粟特商人石染典，虽然只在史料与文物中留下了只言片语，但他们还是在历史上留下了痕迹。大部分在丝路上行走的人，即使一生跌宕起伏、波澜壮阔，最终依然消失在历史浪涛之中。

今天，你和你的小组成员的任务就是要让一位"无名之辈""重见天日"。

寻找金链子的主人

故事背景：

在海上丝绸之路上，有一艘古代航船不幸失事沉没，考古学家把这艘船命名为"南海一号"。在"南海一号"上，发现了大量的瓷器，还有很多金、银、铜、铁制品，船上物品的数量和种类都异常丰富可贵。其中有这样一件东西引起了大家的广泛关注。你觉得它是做什么用的，它的主人会是什么人？请把答案写在横线上。请小组合作，画出主人的形象。

_____

_____

_____

_____

_____

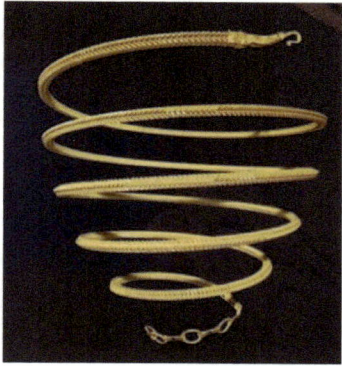

宋金项饰，广东省博物馆藏

⏰ 课时 3　谁是丝路繁荣的首功之人

🪶**学习任务**

　　我们倾听了丝路上大人物的传奇故事，也了解了丝路上小人物的不凡经历。你有没有想过，丝路能够绵延繁荣近千年，究竟谁才是首功之人？今天我们就来一场辩论赛吧。

　　在全班所有的小组中，选取两个小组参与本次的辩论大赛。每组派出 4 名代表，分别担任一辩、二辩、三辩和四辩选手；请各小组依据辩论赛的流程来进行准备。

　　辩论会主题：大人物与小人物，谁才是丝路繁荣的首功之人？

　　1. 正方观点：丝路繁荣更多依靠大人物。

　　2. 反方观点：丝路繁荣更多依靠小人物。

　　下面，就让我们来听听正、反双方同学的不同看法吧！

　　辩论流程：

阶段	程序	时间	备注
开场 陈词	正方一辩发言	2 分 30 秒	
	反方一辩发言	2 分 30 秒	
	正方二辩发言	2 分 30 秒	
	反方二辩发言	2 分 30 秒	
攻辩 阶段	正方三辩提问	1 分 30 秒	向反方一辩、反方二辩分别提 3 个问题
	反方三辩提问	1 分 30 秒	向正方一辩、正方二辩分别提 3 个问题
	正方三辩攻辩小结	1 分 30 秒	
	反方三辩攻辩小结	1 分 30 秒	

续表

阶段	程序	时间	备注
自由辩论	双方自由辩论	8分	（反方先开始）双方各4分钟
总结陈词	反方四辩做总结陈词	4分	
	正方四辩做总结陈词	4分	

评价方案：

1. 采取班级无记名投票的形式来评选出获胜方。

2. 由教师和学生分别根据以下标准评选出"最佳辩手"。

正方	一辩	二辩	三辩	四辩
审题与论证（25分）				
辩驳与回答（25分）				
提问与配合（25分）				
语言与辩风（25分）				
总分				

反方	一辩	二辩	三辩	四辩
审题与论证（25分）				
辩驳与回答（25分）				
提问与配合（25分）				
语言与辩风（25分）				
总分				

评价维度：

1. 审题与论证：对所持立场从逻辑、理论、事实等多层次进行阐述（论据有说服力，事实引用得当，推理合乎逻辑）；辩论中紧扣辩题，并始终坚持己方立场。

2.辩驳与回答：反驳有力且有理，反应机敏；能正面回答别人的问题，且回答中肯；如出现不回答、不正面回答、答非所问等情况，可适当扣分。

3.提问与配合：能提出合适的、抓住对方要害的问题；有团队精神，与队友相互支持，并让问答形成一个有机整体，给予对方有力回击。

4.语言与辩风：语言流畅、用词得当、语速适中；尊重评委、尊重对手、尊重观众；没有攻击性语言，个人落落大方且具有一定幽默感。

辩论总结：

精彩的辩论一定让你印象深刻，请归纳并总结正、反双方的主要观点。

正方：

_____

_____

_____

反方：

_____

_____

_____

项目学习小档案

在这一节中，你学到了哪些知识呢？快用思维导图梳理一下吧！

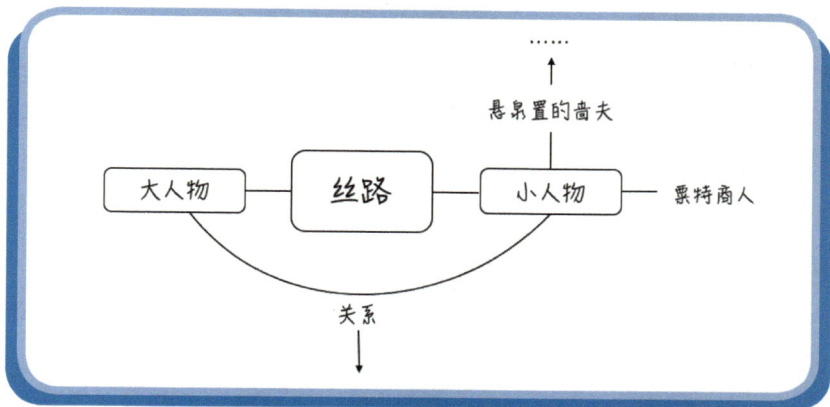

在这一节中，你做成了哪些有意义的事呢？

活动类型	你所完成的事
小组活动	
个人学习	

第四节　丝路上的贸易（2课时）

情境引入

丝绸之路沟通中西，贸易是这条路上的重要主题。那么很久之前的古代人是如何在丝路上进行贸易的呢？丝绸之路上又有哪些有意思的商品呢？

核心问题

1. 丝绸之路上，人们住在哪里，吃什么食物，采用什么样的交通方式？

2. 丝绸之路上这些日常生活的物品、风俗习惯有哪些是沿用至今的？

核心目标

1. 用语言描述丝路上人们的生活、风俗习惯，与小组同学交流。

2. 小组讨论哪些物品和风俗沿用至今，说明其对现在人们的生活产生了怎样的影响。

课时1 丝路上的生活

问题导入

你想象中的唐代生活是什么样的？百姓们可能会穿什么样的衣服？住什么样的房子？出门有什么样的交通工具？他们能吃到我们现在这么多美食吗？和同学们一起交流一下你的观点吧。

学习任务

唐美丽和汉英俊这天在芙蓉园玩耍，两人沉迷园中景色而忘记了时间。现在已经是晚上7点20分，唐朝的宵禁政策要求8点钟关闭各个坊门，禁止闲人在街上走动。现在汉英俊和唐美丽两人只有汉英俊的一匹马，他们要在宵禁之前赶回自己所居住的坊。现在已知人步行的速度5分钟可以走过1个坊，骑马5分钟可以走过2个坊，而汉英俊和唐美丽分别住在太平坊和永兴坊。

他们该如何规划行进路线，才能在宵禁之前回到各自生活的坊中？请在图中画出他们二人可能的行进路线。

唐长安城图

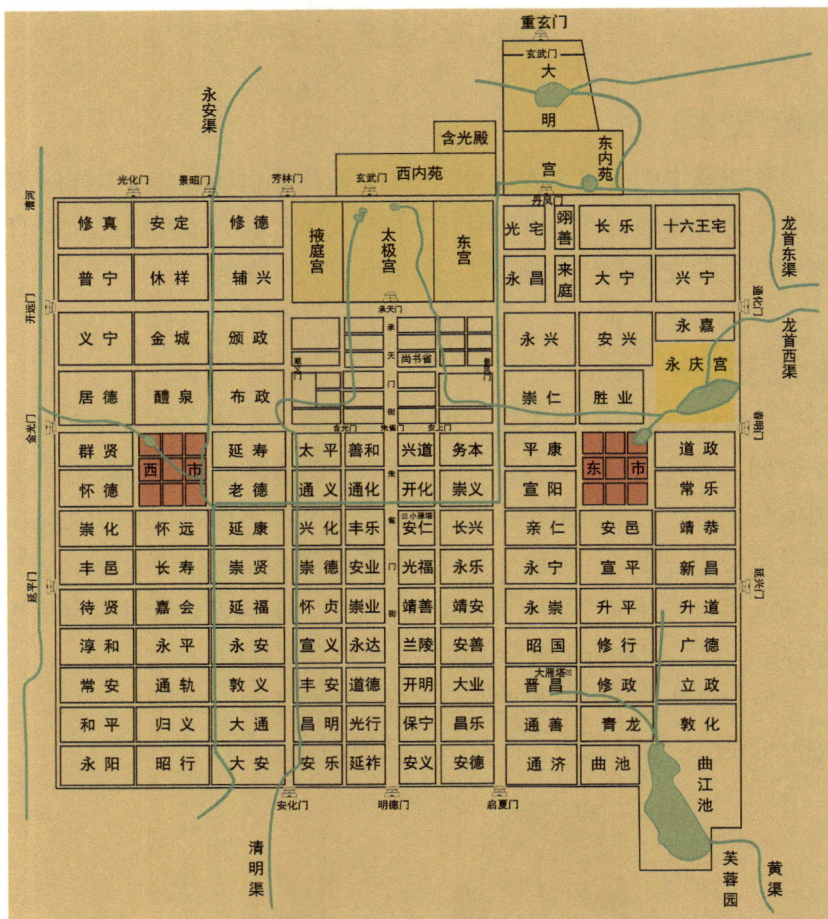

丝博士告诉你

　　唐朝的长安城，分为皇城、宫城和外城，人口数目最多时达到100多万人，是当时世界上最大的城市。城内有四条沟渠可为城市提供生活和环境用水。

长安城以朱雀大街为中轴线，东、西两侧排列着数目与面积相等的坊市。东西、南北交错的大街，将长安城分成了 2 市、108 坊。市为商业区，坊为居住区。

东市、西市是货物、集市的聚集地，我们现在所说的"买东西"便由此而来。坊有 4 个门，夜里宵禁，坊门会关闭，闲人不得在街道上走动。

长安城共有 12 个城门，其中开远门是长安对外贸易的主要通道，可以被看作丝绸之路的起点。金光门靠近西市，非常繁华，西域的胡商多数从这里进入长安，城西的居民也多从这里出城。645 年，玄奘取经归来，就是从金光门进入长安的。

城市的东南角是芙蓉园，是长安人游玩的地方，园内宫殿连绵、楼亭起伏，园林建筑也代表了当时的巅峰水平。

知识卡片

◎ **丝绸的货币功能**

在我国古代，公务员拿到的俸禄可以是土地、钱币、实物等几种形式，其中，丝织品就是实物俸禄中的一种。

在唐朝强盛国力和广泛影响力之下，丝绸成为东、西方都认同的具有价值的商品，并在互市中扮演着通货的角色。在 2015 年举办的"丝路之绸：起源、传播与交流"特展上，就展出了吐鲁番文书中记载的唐朝天宝年间（742—756 年）丝绸之路上以丝绸为货币的物价水平。

马 1 匹，次上（马的品质为次上级）= 丝绸 9 匹、波斯敦父驼 1 头，次上 = 丝绸 33 匹、草驼 1 头，次上 = 丝绸 30 匹、胡奴

1人，多宝（被卖奴隶的名字）＝丝绸 21 匹。

唐代，在国内流通领域实行钱帛兼行政策。商人开展贸易需携带大量铜钱，不便亦不安全。而丝绸较铜钱、金银相对轻便，兼可供衣着等的便利。在钱帛兼行的情况下，以帛为本。同样在这次展览上，有相关史料呈现了当时以帛为基准货币的汇率情况。

武周如意元年（692 年）：丝绸 1 匹 ＝ 银币 10 文 ＝ 铜币 320 文

天宝年间（742—756 年）：丝绸 1 匹 ＝ 银币 10 文 ＝ 铜币 460 文

集思广益

天宝年间，米的价格大概是 200 文每石（石，重量计量单位，在唐代 1 石约等于 53 千克），请以小组为单位，调研家庭一年消耗的米的数量。请估算一下，如果生活在唐朝天宝年间，需要多少匹丝绸，才能满足你所在小组的所有家庭一年的大米用量？

请与小组成员一起讨论：对于一个家庭一年大米的用量，估算方法是什么？

丝路上的"食"

一、食物分类

张骞两次出使西域，建立起一条连接亚欧的丝绸之路。而我们今天吃的许多食物，就是经由汉代丝绸之路传来的。通过丝路传来的食物有苜蓿、菠菜、扁桃、西瓜、芸苔、黄瓜、胡豆、大蒜、葡萄等。这些食物中哪些属于蔬菜，哪些属于水果？请试着将这些食物分类。

蔬菜	水果

二、慧眼识物

这些图是从新疆出土的食物，请猜一猜这些是什么食物。把你的猜测写在图下面的表格中吧。与你的小伙伴分享一下你的观点，看看你们的想法是否一样。

丝博士告诉你

以上食物分别是饺子、月饼、兽骨、杏核。由于当地干旱少雨，这些食物内部的水分就被周围的土壤吸干了，得以保存下来。虽然已经严重钙化，坚硬如石，但依然保存着完整的外形。

成长日记

如果你穿越回唐朝，成了丝绸之路上的一名商人，你想用中国的丝绸交换什么商品呢？

_____

_____

_____

_____

_____

_____

课时 2　丝路上的交通贸易

问题导入

丝路上有着多种多样的交通工具，从而使贸易更加便利。你知道丝路上的交通工具有哪些呢？

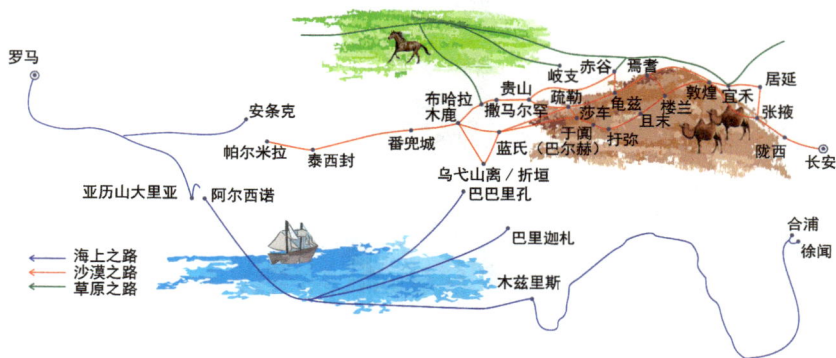

汉代东西交通示意图①

知识卡片

◎ **造船技术**

海上丝绸之路的开辟离不开远洋航船技术的发展。早在远古时代，人们就已经利用独木舟来渡水了。浙江萧山跨湖桥新石器时代遗址出土的独木舟是我国发现的最早的独木舟实物，距今已有七八千年历史。而独木舟向木板船的演变则是造船史上的一大跨越。

木板船出现后，造船技术就开始迅速向前发展，等到了春秋战国时期，已经依据功用的不同发展出了各式各样的船。战国时

①　根据黄时鉴主编的《解说插图中西关系史年表》中两汉－罗马时期中西关系示意图所绘。

期的铜壶或铜鉴上经常刻有水战图的纹样，可以看出当时战船的样式。铜器上的水战画面，往往描绘左右相对的两艘战船，形制也大致相同，都是船身修长，船尾起翘。战船设有甲板，战士在甲板上作战，划桨手在甲板下方的船舱内划船。

战国船纹青铜缶及其外观拓片，宁波中国港口博物馆藏

古代船要行驶就需要划桨，桨除了作为推进工具，也可以用来控制航向。秦汉时期随着航海和漕运事业的发展，船的制造技术也大大提升了，多桅多帆和舵的使用让船的操纵更加容易，铁钉的应用让船更加坚固。

魏晋南北朝时期战争频繁，也进一步推动了造船业的发展。许多发明运用于战船，据说最早的"轮船"就发明在这一时期。当时的轮桨并不是靠蒸汽推动的，而是依靠人力。南齐的祖冲之建造的"千里船"，据说就是最早的车船。唐代的李皋设计制造了两侧各装有一个轮桨的战舰，由士兵用脚踩踏，带动轮桨转动，使船前进。

宋元时期，中国的造船和航海技术突飞猛进，中国传统船舶的造型也基本上在这一时期得到了确定。最具代表性的就是在广东省阳江海域发现的南宋沉船"南海一号"和在韩国全罗南道新安郡海域发现的元代"新安古船"。

"南海一号"是典型的宋代商船，船头小，船底呈"V"字形，尖底，便于破浪前进。身扁宽，体高大，吃水深，受到横向狂风袭击仍然能保持稳定。同时，结构坚固，船体有密封隔舱，加强了安全性。底板和舷侧板分别采用两重或三重大板结构，船上多桅多帆，便于使用多面风。

"新安古船"的船型属于我国四大船型之一的福船，船头为略带方形的尖头，船底为尖底，船型短肥，全船分为7个舱室，舱室大且深，适合装载众多的货物。最有特色的是，"新安古船"的主龙骨与首龙骨、尾龙骨的嵌接处安放有1枚铜镜、7枚铜钱，这是福船建造的一种传统习俗，即在龙骨的接头部位开挖保寿孔，安放铜镜和7枚铜钱，称为"七星伴月"。

继承宋元以来的先进造船和航海技术，明代初期的海上交通事业拥有坚实的基础。中国历史上最伟大的航海行动——郑和下西洋，便由此拉开了帷幕。

学习任务

请根据上文的材料，画出中国造船技术的发展时间轴，写下历史时期和造船技术的特点。

时期：

技术特点：

🍃知识卡片

◎ 风帆贸易

　　在人类文明的早期，海上航行的最主要方式是贴岸航行和跨岛航行。前者顾名思义，就是指沿海岸线航行；后者则指沿岛链航行。这种航海活动，主要仰赖可见的地理、水文坐标为导航标志，多系短途航行。而海上丝绸之路是真正意义上的远洋贸易，这类航海活动主要是利用季风与洋流开展的。

　　亚欧大陆上的先民们很早就不约而同地发现了季风的规律。季风是海陆分布、大气环流、地形地貌等多种因素综合导致的一种自然现象。中国东南沿海与东南亚地区，每年夏季盛行西南季风，风向从东南亚刮向中国东南沿海；每年冬季则盛行东北季风，风向由中国东南沿海吹向东南亚。正因为南海海域季风的规律非常明确且守时，中国的古代航海家也称之为"信风"。古代东亚与东南亚人若想进行跨区域的海洋贸易，则需要遵循信风的规律，冬去夏回。

　　正好位于季风贸易十字路口的马六甲海峡，便成了古代船队的必停之地，因为航海者往往需要在此等候风向转换才能继续航行，由此也形成了印尼的巨港和马来西亚的满剌加（马六甲）这两大海港。而中国雷州半岛的徐闻、印度西南的古里（今喀拉拉邦的科泽科德一带），也同样因为是季风转换的节点，所以一直以来都是重要的海洋贸易港口。

　　除了季风以外，洋流也是影响海上航行的重要因素。比如，太平洋西岸的日本暖流（也叫"黑潮"）是世界第二大暖流，它对古代福建、台湾海域的航行有着重要的影响。在大航海时代，正是因为西班牙人率先发现了北太平洋洋流的规律（即北赤道暖流—黑潮—北太平洋暖流—加利福尼亚寒流的洋流圈），横跨太平洋的"大帆船贸易"才得以实现。

　　季风与洋流的影响，使得海上丝绸之路具有港口转口贸易的明显特征，即中国航海文献所称的"梯航万国"，像阶梯一样一站一站地实现货物的转运，同时也使海洋贸易达到前所未有的规模与广度。

集思广益

　　根据季风和航海的关系，中国东南沿海往返东南亚需要多长时间？中国往返印度洋需要多长时间？请和小伙伴们讨论一下。

丝博士告诉你

　　自然因素影响下的风帆贸易，决定了海上丝绸之路的航运特征。首先，季风的转向与反复，使得航运这种双向往返的活动成为可能。其次，季风的季节性和周期性，使得风帆贸易也具备了周期性的特征。例如，从中国东南沿海去东南亚，冬去夏归，一年一个周期；从中国去往印度洋，需在马六甲等候风向转换，再加一个年度的周期可完成在印度洋海域的航行，故郑和前往波斯湾等西洋地区，至少要以两年为一个贸易周期。

📝 **学习任务**

三彩载货驼，西安博物院藏

　　骆驼在唐代丝绸之路上起着非常重要的作用，在商业贸易中占据了非常重要的位置。作为主要交通工具，骆驼与我们现代的汽车有着什么共同点与不同点呢？请阅读材料后完善表格。

性能等	骆驼	家用汽车
速度		
管理部门		
身份认证		
主要用途		
贸易是否受监督		
可载重量		

📝 **知识卡片**

　　骆驼，又被称为"沙漠之舟"，是一种能够在沙漠中生存的大型哺乳动物。其躯体高大，体毛褐色，头较小，颈粗长且弯曲如鹅颈。骆驼最为独特的就是它背部隆起的驼峰，这些驼峰里贮存着脂肪，在骆驼长期不进食的时候，能分解成身体所需的养分，因此骆驼没有食物也可生存一月之久。另外，骆驼的胃里有许多瓶状的小泡，可用来贮存水分，因此在没有水的情况下骆驼也可以生存两周。

骆驼虽不善奔跑，但其步幅大而轻快，持久力强，加之蹄部的特殊结构，因此非常适合作为沙漠中的交通工具。在短距离骑乘时，双峰驼的速度可达 10—15 千米/小时；长距离骑乘时，每天行程为 30—35 千米。骆驼的载重能力一般为 125—150 千克。

唐代对骆驼的管理是比较严格的，进行管理的机构就有太仆寺、太子仆寺、尚乘局、驾部等。太仆寺隶属于兵部，掌管"牧马之政令"，其主要职能是向朝廷供应适用于不同场合和自然条件的交通工具（主要是马匹），同时还掌管着各地的畜牧养殖业。它除了管理中央所需的骆驼以外，还统辖着地方实际经营骆驼的国家机构——牧监。作为牧监所管理的大型牲畜，骆驼和马、牛、驴等一样，都会有监牧的官印。对于新获得的骆驼，烙上官印即表明其已被"收归国有"，易于识别管理；如果骆驼走失，也能及时找到并送回。

西来的外国商旅多以骆驼为坐骑，并同时从事着骆驼贸易。在绘画和驼俑中，骆驼与胡商在一起的形象，几乎已经成为一种固定的艺术模式，这些图像成为我们对丝绸之路和唐代长安的想象中最重要的内容。

借由骆驼的驮运，丝绸可以被运送到极为遥远的地方，骆驼也顺理成章地成为丝绸之路上的重要交通工具，成为丝绸之路上一个非常醒目的形象符号。

胡商牵驼画像砖，甘肃省博物馆藏

丝博士告诉你

性能等	骆驼	家用汽车
速度	10—15 千米／小时	60—100 千米／小时
管理部门	太仆寺、太子仆寺、尚乘局、驾部等	国家发改委、工信部车管所
身份认证	登籍、烙印	车牌、行驶证
主要用途	骑乘、货运	出行
贸易是否受监督	是	是
可载重量	125—150 千克	350—450 千克

项目学习小档案

在这一节中，你学到了哪些知识呢？快用思维导图梳理一下吧！

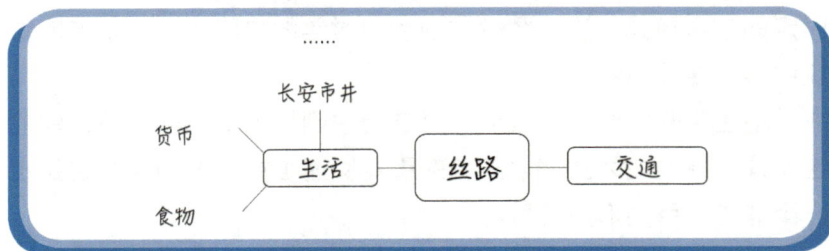

......

货币 —— 长安市井

食物 —— 生活 —— 丝路 —— 交通

在这一节中，你做成了哪些有意义的事呢？

活动类型	你所完成的事
小组活动	
个人学习	

你对于这一单元的学习还有哪些疑问？快点记录下来吧！

问题 1 : _____

问题 2 : _____

问题 3 : _____

🖋 **成长日记**

学习了第一单元，请总结一下你对丝路的认识吧。

_____

_____

_____

_____

_____

第二单元

小蚕大世界

（8 课时）

🦋 单元导语

　　蚕天生爱吃桑叶吗？蚕为什么要吐丝？蚕丝与其他丝有什么不同？蚕在桑基鱼塘生态系统中扮演了怎样的角色？……亲爱的同学，如果你也曾有过诸如此类的疑问，那就跟着我们一起踏上"小蚕大世界"的学习之旅吧！在本次旅程中，你将领略蚕与桑的"爱恨情仇"、蚕吐丝的"呕心沥血"、蚕到蛾的"摇身一变"，以及蚕与社会的种种故事。在这次探险中，你既要有"千里眼"，在历史的长河中回望蚕桑的过去；又要有"透视眼"，了解蚕丝如何被蚕吐出，以及蚕蛹内发生的种种变化。

　　小小蚕，大学问。希望你能享受这次与蚕共舞的探险之行！

🦋 适用年级

　　4—6 年级。

🦋 项目情境

　　请根据你对蚕的了解，为蚕制作一个"蚕的一生"模型，并为蚕的生命历程写一段介绍吧！

🦋 核心问题

　　如何运用科学的理念和方法认识蚕、了解蚕、研究蚕？把你知道的蚕介绍给大家吧！

问题网络图

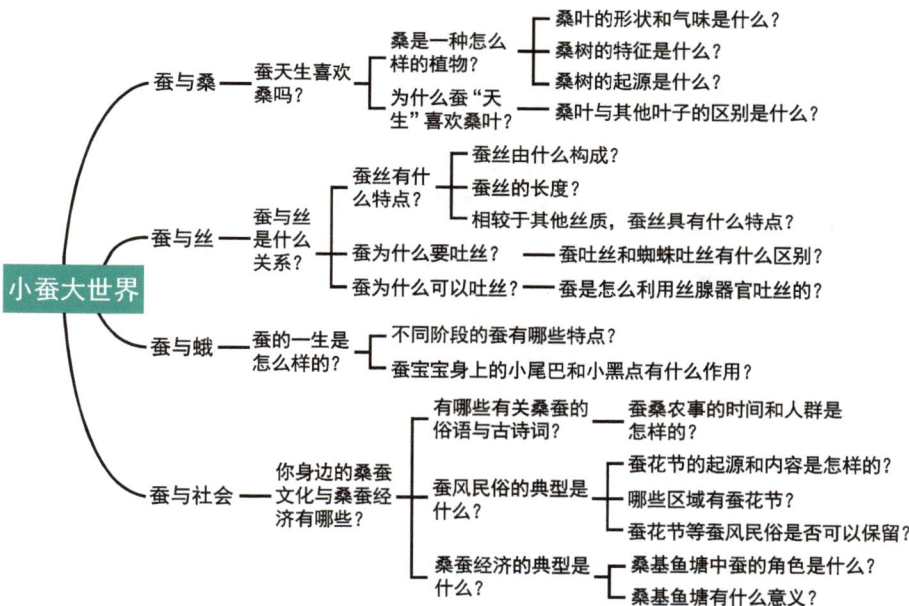

小蚕大世界
- 蚕与桑 —— 蚕天生喜欢桑吗?
  - 桑是一种怎么样的植物?
    - 桑叶的形状和气味是什么?
    - 桑树的特征是什么?
    - 桑树的起源是什么?
  - 为什么蚕"天生"喜欢桑叶? —— 桑叶与其他叶子的区别是什么?
- 蚕与丝 —— 蚕与丝是什么关系?
  - 蚕丝有什么特点?
    - 蚕丝由什么构成?
    - 蚕丝的长度?
    - 相较于其他丝质,蚕丝具有什么特点?
  - 蚕为什么要吐丝? —— 蚕吐丝和蜘蛛吐丝有什么区别?
  - 蚕为什么可以吐丝? —— 蚕是怎么利用丝腺器官吐丝的?
- 蚕与蛾 —— 蚕的一生是怎么样的?
  - 不同阶段的蚕有哪些特点?
  - 蚕宝宝身上的小尾巴和小黑点有什么作用?
- 蚕与社会 —— 你身边的桑蚕文化与桑蚕经济有哪些?
  - 有哪些有关桑蚕的俗语与古诗词? —— 蚕桑农事的时间和人群是怎样的?
  - 蚕风民俗的典型是什么?
    - 蚕花节的起源和内容是怎样的?
    - 哪些区域有蚕花节?
    - 蚕花节等蚕风民俗是否可以保留?
  - 桑蚕经济的典型是什么?
    - 桑基鱼塘中蚕的角色是什么?
    - 桑基鱼塘有什么意义?

项目目标

素养目标	人文底蕴、科学精神、学会学习、健康生活、实践创新
具体目标	• 了解蚕、桑的历史起源,辨别蚕、桑的生物特征。 • 以科学的方法观察动物与植物,并做好观察记录,说出蚕生命周期的过程与特点。 • 基于已有经验与所学知识,从现象和事件发生的条件、过程、原因等方面提出假设,制订简单的探究计划。 • 运用比较科学的词汇、符号、图表等方式整理并陈述信息,并且依据自己的观察、经验与知识,制作生物科学模型。 • 在小组讨论与探究中,围绕提出的问题,与他人交流分享,提高合作学习、探究学习的能力。 • 形成对蚕桑文化的兴趣,确立可持续发展的观念,意识到生态友好的重要性。

相关学科标准

学科	学科标准内容
科学	1. 初步了解植物体和动物体的主要组成部分，知道动植物的生命周期。 2. 依据有关特征，对生物进行简单分类。 3. 初步了解动物与植物之间的相互关系。
语文	1. 诵读优秀诗文，在诵读过程中体验情感，展开想象，领悟内容。 2. 结合语文学习，观察大自然、观察社会，书面与口头结合，表达自己的观察所得。
美术	1. 欣赏自然和各种美术作品的形色与质感，表达自己的感受。 2. 通过看看、画画、做做等方法表现所见所闻、所感所想，激发丰富的想象力和创作愿望。

课时安排

第一节　蚕与桑（2课时）

第二节　蚕与丝（2课时）

第三节　蚕与蛾（2课时）

第四节　蚕与社会（2课时）

第一节 蚕与桑 (2课时)

情境引入

桑蚕、蚕桑，似乎自古以来就是有桑必有蚕，有蚕必有桑。正如唐代诗人于濆在诗中所写的那样，"野蚕食青桑，吐丝亦成茧"。当一亿年前的桑树在冰凉江水闯过的河谷静静伫立时，它还不知它今后的命运将与蚕紧密交缠在一起。

这节课让我们一起走进一只虫的"桑"心往事，一起探寻蚕与桑从相识、相知到相伴的故事，破解桑蚕的奥秘吧！

核心问题

1. 桑是一种怎么样的植物呢？
2. 为什么蚕"天生"喜欢桑叶呢？

核心目标

1. 说出桑这种植物的形态、特征和起源。

2. 知道植物可以吸收阳光、二氧化碳和水分，在绿色叶片中制造其生存所需的养分，并向空气中释放氧气。

3. 初步掌握观察植物的技巧，能够绘制简单的自然笔记。

4. 运用生态观念，解释桑与蚕互相选择的过程。

⏱ 课时 1　桑叶小档案

🍃 学习任务

请观看纪录片《影响世界的中国植物》第六集（10 分钟），并完成表格。

桑	起源	历史	特征
桑树			

🍃 知识卡片

桑和其他植物一样，可以吸收阳光、二氧化碳和水分，在绿色叶片中制造其生存所需的养分，并向空气释放氧气。

桑树是一种多年生木本植物，属于落叶乔木树种，由根、茎、叶、花、果等几个部分组成。在我国，桑树遍及全国各地，各地野生的桑树品种有鲁桑、白桑、黑桑、广东桑等十几个品种。经过良种选汰和培育，最终形成了以鲁桑、白桑和山桑为主的三个栽培桑树的系统。每个类型的品种都适应了不同地区的生态环境。

深入观察

我们已经知道，桑树叶是一种不太寻常的叶子。

假如你手中有一片桑树叶，你知道要如何观察它吗？

你可以仔细地看一看它，并且比较一下你的叶子和同桌的叶子在形状上是否一样。除此之外，你还可以摸一摸、闻一闻它。

你知道还可以从哪些方面观察一片小小的叶子吗？请在下方记录你的观察心得，同时绘制出你的那片独一无二的桑叶吧！

档案袋里可以有些什么呢？

叶子的气味、触感，还有叶脉……还有其他你所观察、感受到的，都可以放在档案袋里！

桑叶小档案袋

姓名：<u>桑叶</u>

颜色：<u>　　　　</u>

形状：<u>　　　　</u>

触感：<u>　　　　</u>

气味：<u>　　　　</u>

其他：<u>　　　　</u>

（绘画桑叶图片）

课时 2　蚕为什么喜欢桑

问题导入

　　我们都知道蚕宝宝喜欢吃桑叶，不过蚕宝宝除了桑叶外还会吃其他的树叶吗？你认为蚕宝宝还会吃什么叶子呢？快和你的小伙伴一起讨论讨论吧！

动手实验

　　请和你的组员根据已有的材料，一起设计一个小实验，来测试蚕宝宝的食物偏好吧！

　　材料：蚕宝宝 6 条、干净纸张若干、桑叶若干、生菜叶若干、莴苣叶若干、无花果叶若干、蒲公英叶若干。

生菜叶

莴苣叶

蒲公英叶

无花果叶

　　小提示：可以通过对比实验的方法来得出结果哦！

什么是对比实验？

对比实验是指设置两个或两个以上的实验组，通过对结果的对比分析，来探究各种因素与实验对象的关系。

对比实验要注意哪些问题？

1. 每次只能改变一个因素。

2. 为了确保实验的公平，除了改变的那个因素外，其他因素应该保持一样。

可以尝试通过对比实验来探究蚕宝宝的食物偏好哦！

实验名称	蚕宝宝的食物偏好实验
实验目的	探究蚕宝宝对不同叶子的进食喜好。
实验材料	蚕宝宝6条、干净纸张若干、桑叶若干、生菜叶若干、莴苣叶若干、无花果叶若干、蒲公英叶若干。
实验过程和方法	（1）取干净的纸张，对半折叠。 （2）取等量的桑叶和生菜叶，分别放置在与纸张折叠线相同距离的两端。 （3）洗干净手后，小心地将蚕宝宝放置在纸张中间，确保蚕宝宝和两种叶子距离相等。 （4）等待一段时间后，观察蚕宝宝对不同叶片的选择与进食情况。 （5）将生菜叶换成莴苣叶、蒲公英叶、无花果叶，重复进行实验。记录下蚕宝宝对以上叶片的选择情况。
实验现象	
实验结论	

集思广益

进行这一实验之后，你认为你的实验结果准确吗？你觉得哪些因素可能影响实验准确性呢？快和你的小伙伴们讨论讨论吧！

丝博士告诉你

有哪些因素可能影响实验准确性呢？可以思考以下这些问题：

1. 实验过程中，蚕宝宝的个体特质是否相同？
2. 实验过程中，蚕宝宝与两种植物的距离是否相同？
3. 实验过程中，两种植物的叶子的大小和数量是否相同？
4. 实验过程中，实验环境（包括温度、湿度、光照等）是否相同？

…………

亲爱的同学，将做完实验后的蚕宝宝带回家领养吧！一定要照顾好它们哦！

知识卡片

相较于其他植物的叶子，蚕宝宝为什么最喜欢吃桑叶呢？从实验现象中，我们可以发现，蚕宝宝好像是"天生"喜欢吃桑叶的。这是为什么呢？桑叶中含有什么营养呢？

其实啊，早在1.8万年以前，地球上已经有桑树一类的植物了。桑树是高大的乔木，叶子长得又大又茂盛，许多昆虫寄生在它上面生活，蚕就是其中之一。

桑叶是蚕不可替代的食物，蚕吃的桑叶中不仅含有大量的水分，还含有蛋白质、淀粉、脂肪、维生素、有机酸和多种微量元素，这些原料都是蚕制造蚕丝所需要的。当桑叶被吃下去之后，桑叶中的纤维素会变成排泄物，蛋白质和脂肪等被吸收转化成氨基酸，并在蚕体内丝腺的作用下，转化为丝胶、丝素、丝蛋白等一系列物质，从蚕嘴边上的小洞吐出。它吐出的东西其实是液体状的，遇到空气后会变成固体的丝。

长此以往，蚕以桑叶为食，一代又一代地繁殖在桑树上，逐渐形成了习惯吃桑叶的特性，慢慢地演变成了遗传性，久而久之，蚕宝宝就最喜欢吃桑叶了。蚕依靠它的嗅觉和味觉器官来辨别叶子的不同，如果破坏了它的这些器官，它吃任何叶子的感觉都会是一样的，因此要好好保护蚕宝宝哦！另外，不同种类的桑叶因为成分略有差异，还会直接影响蚕宝宝吐出的丝的质量。

项目学习小档案

在这一节中，你学到了哪些知识呢？快用思维导图梳理一下吧！

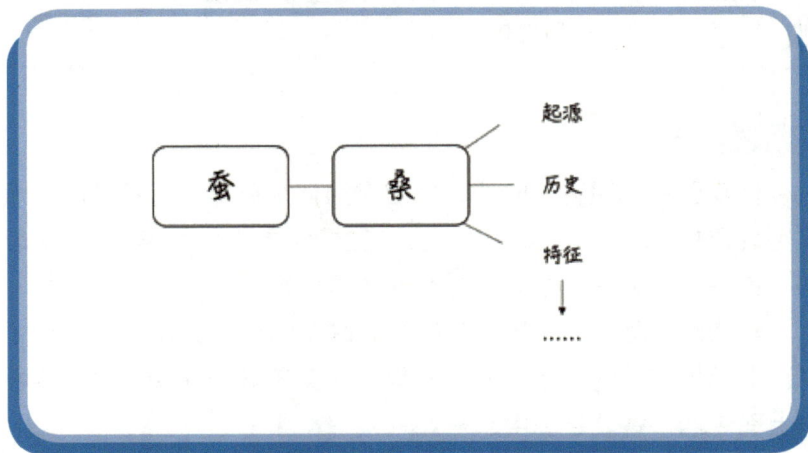

在这一节中，你做成了哪些有意义的事呢？

活动类型	你所完成的事
小组活动	
个人学习	

第二节　蚕与丝 (2课时)

情境引入

蚕丝是古代中国文明的产物之一，其所化作的丝绸，铺就的是秀丽的中国，连接的是遥远的东西。那么，蚕宝宝为什么吃着的是叶子，吐出来的却是丝呢？它们又是怎么样用自己柔软的身体吐出坚韧细丝的呢？让我们化为一片桑叶，走进蚕宝宝的身体中一探究竟吧！

核心问题

1. 蚕丝有什么特点？
2. 蚕为什么要吐丝？
3. 蚕为什么可以吐丝？

核心目标

1. 说明蚕丝的构成及其异于其他丝质的特点。
2. 从多方面分析蚕吐丝的原因。
3. 总结蚕是如何利用丝腺器官吐丝的，归纳丝的结构与吐丝过程的关联。
4. 辨析蚕吐丝与蜘蛛吐丝的异同。

课时 1 蚕丝的奥秘

问题导入

下面是蚕丝、棉线、羊毛的纵截面和横截面在显微镜下的图片。你知道左边的图片都是哪些材质在显微镜下的图片吗？请尝试连连看。

（小提示：蚕丝的横截面呈三角形，棉线的横截面呈腰圆形。）

棉 线

 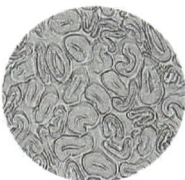

羊 毛

蚕 丝

集思广益

蚕丝的横截面为什么不是正方形或者圆形，而偏偏是三角形的呢？这具有生物学意义吗？

丝博士告诉你

蚕宝宝的口器呈三角形，因此吐出来的蚕丝的横截面也接近于三角形。蚕丝横截面边角圆润，有类似三棱镜的效果：使一部分阳光透过的同时，又反射出一部分的光，当内部反射比例高时还具有光衍射和色散效应，使得蚕丝有绚丽柔和的光泽。

此外，一根蚕丝是由两根丝素外包丝胶组成的。蚕丝是一种天然的蛋白质长纤维，主要由丝胶和丝素两部分组成，一般丝胶占19%—28%，丝素能占到72%—81%。丝胶和丝素主要都是由蛋白质组成的，而其中丝胶则主要以水溶性较好的球状蛋白质构成。因此，将蚕丝置于热水中脱胶精练，就是利用了丝胶的这一特性。

知识卡片

小小的蚕其实蕴含着大大的能量。只在野外自然生长的桑蚕就可以吐丝达到一二百米的长度，而经过人工驯养的家蚕，能够吐出的丝的平均长度大约为800—1000米，有的蚕甚至可以吐丝3000米以上。也就是说，一只蚕宝宝吐的丝，就能沿着400米的操场绕上七八圈呢！

除了利用桑蚕丝外，勤劳的中国人民还会利用柞蚕、天蚕、樟蚕等各种野蚕的茧丝，并一直沿用到现在。野蚕和家蚕的最主要区别在于它们是否以桑叶作为唯一食物，也正是因为这些野蚕吃了其他植物的叶子，它们吐出来的丝的颜色才会发生变化！这些野蚕丝的结构和桑蚕丝基本相同，只在某些细微结构上有所不同，比如，与桑蚕丝相比，它们的横截面更为扁平。

在这些野蚕丝中，又以柞蚕丝的使用最为广泛，它的主要产地在山东、辽宁等中国北方地区。用柞蚕丝织成的柞绸，绸面粗犷、挺括，具有自然疙瘩花纹，在国际上也享有盛名。而具有天然色彩的天蚕丝则是最为珍贵的一种，主要有深绿、浅绿、金黄等颜色，其中又以绿色最为著名，被称为纤维界的"绿宝石"，可惜的是其产量极低。

蓖麻蚕茧

柞蚕茧

动手实验

日常生活中，我们在不同的季节，往往会选择不同材质的衣物。比如，在春秋季，可能会穿棉卫衣，夏季常常选择丝绸制品，寒冷的冬季则有可能换上毛绒大衣，这是因为不同的材质有着不一样的特性，如保暖性、延展性。这些不同的衣料，除了保暖性、延展性外，还有哪些不同呢？

请和你的同学以小组为单位，在老师的指导下共同完成以下实验。

在下面这个实验中，请用肉眼观察、上手触摸、燃烧等方法，记录这三种衣料的差异（纤维粗细、燃烧后的气味与现象、手感），并思考为什么会有这些差异。

方法	蚕丝	棉线	羊毛线
观察			
触摸			
燃烧			

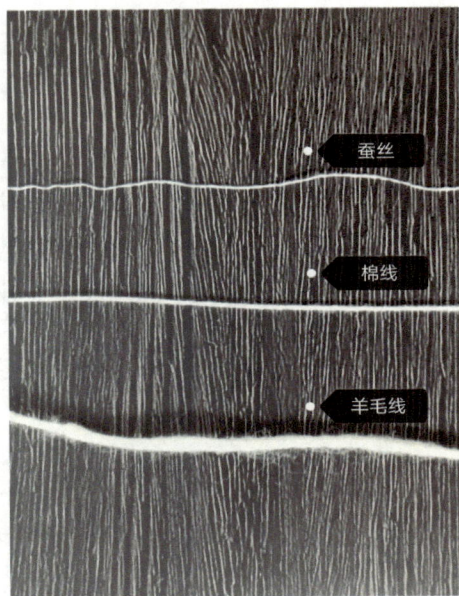

蚕丝、棉线、羊毛线对比

课时 2　蚕为什么能吐丝

集思广益

亲爱的同学，在前面的学习之后，你已经知道了蚕丝的特点，包括它的长度和构成等。请和你的小伙伴一起讨论：蚕为什么要吐丝呢？

姓名：　　　　　　　小组成员：

小组讨论：

小结：

丝博士告诉你

蚕的吐丝结茧跟蚕体内的丝腺器官有关。从蚕的成长过程来看，在幼虫阶段，蚕在食下大量的桑叶后，会消化吸收桑叶中的蛋白质等营养成分。然后，桑叶中的各种氨基酸就会被蚕体内的丝腺所吸收储存。随着蚕年龄的不断增大，丝腺亦随之增大，在五龄期膨大速度尤为快速。

从蚕的生理上来讲，组成丝腺的蛋白质是由氨基酸组成的，蚕体内如果存留过多的氨基酸，会使蚕中毒。所以，蚕需要不断地通过吐丝来排解氨基酸，以达到解毒的目的。

在自然条件下，蚕作为一种完全变态的昆虫，生命的每个阶段都是脆弱的，所以需要同学们在养蚕时细心照顾它们！尤其是在蚕蛹阶段，它的生命最脆弱。在这个阶段，它会停止取食，丧失行动能力，很容易受到天敌的

蚕吐丝结茧

伤害。因此，蚕进化出吐丝结茧的行为，将自身包围在茧壳当中。这样既可以躲避天敌保护自己，又可以安心地在蚕茧里变成蚕蛹，并让蚕蛹体内的器官转变成蚕蛾的形态，最终羽化成蚕蛾。

总之，蚕吐丝能够排毒，结茧能够保护蚕蛹，吐丝结茧是蚕适应环境获得生存的本能。

拓广探索

会吐丝的动物除了蚕，还有其他的动物吗？

蜘蛛就是其中的一种，所有的蜘蛛都有丝腺，丝在蜘蛛的生活中用处很广。丝可以用作蜘蛛的攀爬工具，方便它们飞檐走壁。对于会织网的蜘蛛来说，丝还可以用作蜘蛛的捕食工具，丝上的黏液可以帮助蜘蛛粘住小动物。因为蜘蛛几乎看不见，所以蜘蛛丝就是它

蜘蛛与网

们的传感器，蜘蛛丝的震动可以帮助蜘蛛判断触网食物的大小、远近等。此外，蜘蛛网还是它们的婚床和育儿室。

蜘蛛在蛛网上不断往返，为什么自己不会被黏丝粘住呢？通常，蜘蛛是以干丝为跑道的，需要在黏丝上行走时，它的8条腿会分泌出一种油来作为润滑剂，这样就能在网上进退自如了。

蜘蛛丝比蚕丝更加坚韧，在−40℃时仍能保持弹性，只有在更低的温度下才变硬。蜘蛛丝的这种特点明显优于蚕丝。蜘蛛丝具有高强度、高韧性、高弹性和良好的耐热性能，被称为"生物钢"。

🖋 集思广益

为什么蜘蛛丝难以像蚕丝那样，大规模地为人所用呢？请写下你认为的主要原因，和同学们探讨一下。

从蚕丝和蜘蛛丝的用途考虑：＿＿＿＿＿＿＿＿＿＿＿＿＿

从蚕丝和蜘蛛丝的生产成本考虑：＿＿＿＿＿＿＿＿＿＿

其他想法：＿＿＿＿＿＿＿＿＿＿＿＿＿＿＿＿＿＿＿＿＿

＿＿＿＿＿＿＿＿＿＿＿＿＿＿＿＿＿＿＿＿＿＿＿＿＿＿＿

＿＿＿＿＿＿＿＿＿＿＿＿＿＿＿＿＿＿＿＿＿＿＿＿＿＿＿

＿＿＿＿＿＿＿＿＿＿＿＿＿＿＿＿＿＿＿＿＿＿＿＿＿＿＿

＿＿＿＿＿＿＿＿＿＿＿＿＿＿＿＿＿＿＿＿＿＿＿＿＿＿＿

🖋 丝博士告诉你

跟吃桑叶的蚕宝宝相比，蜘蛛是一种很难批量饲养的动物，因为它们会吃同类。因此，蜘蛛丝的产量有限、不集中，无法像蚕丝一样批量获得。

集思广益

你和小伙伴们已经知道，蚕丝是由两根丝素和外包的丝胶组成的了。但是，你知道这种结构的蚕丝是怎么经由蚕宝宝小小的身体生产出来的吗？

丝博士告诉你

蚕宝宝尾部的后部丝腺会合成主要的丝蛋白——丝素蛋白。相对比较宽大的中部丝腺主要储存丝素蛋白，并合成另一种丝蛋白——丝胶蛋白。

蚕吐丝时，通过身体的收缩，使后部丝腺的丝素向前推进，经过中部丝腺时，被丝胶包围，这两种丝蛋白一起流入前部腺体但并不混合，并通过蚕宝宝嘴部下方的吐丝器吐出。随着头部的不停摆动，液态蚕丝遇到空气后凝固成一根蚕丝。在显微镜下观察，可以发现茧丝是由两根平行的单丝黏合而成的。

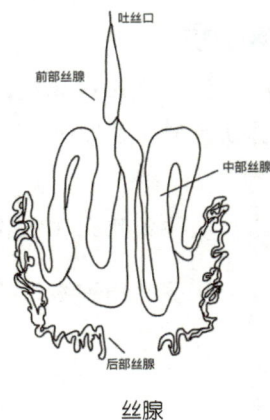

丝腺

实践观察

请认真观察，当蚕宝宝要吐丝时，它会有什么变化呢？将你观察到的内容记录下来。

我观察到，蚕宝宝的口器_____

_____

_____

我观察到，蚕宝宝的身体_____

_____

_____

其他：_____

_____

_____

丝博士告诉你

当蚕宝宝准备结茧时，它会先在准备结茧处的周围吐丝，形成支架。然后，有规律地以"S"形方式吐丝，形成茧的轮廓，也叫"结茧衣"。最后，蚕身体摆动的速度减慢，吐丝也变得凌乱，形成松散柔软的茧丝层。

另外，蚕在吐丝结茧之前，蚕体胸部略显透明，这正是因为蚕宝宝体内丝腺中积聚着大量蛋白质。

成长日记

经过了本节课的学习，你对蚕吐丝行为的理解是：_____

_____

_____

_____

_____

_____

丝路奇幻之旅

📎 **项目学习小档案**

在这一节中，你学到了哪些知识呢？快用思维导图梳理一下吧！

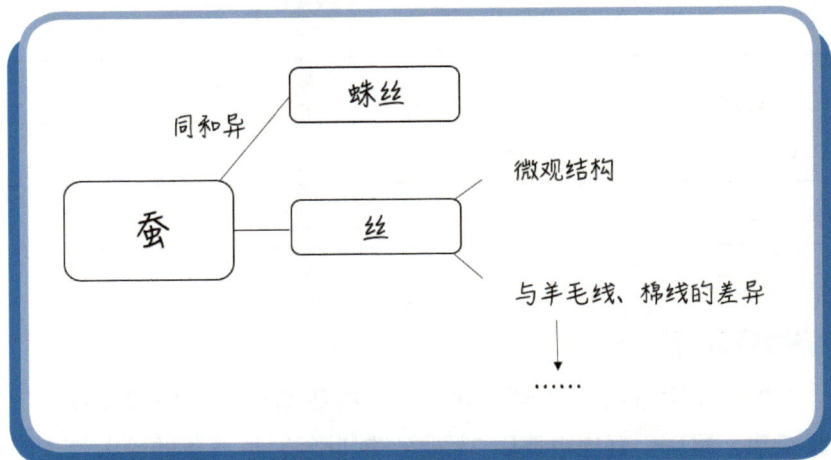

```
                        蛛丝
            同和异

    蚕                              微观结构
                        丝

                              与羊毛线、棉线的差异

                                      ……
```

在这一节中，你做成了哪些有意义的事呢？

活动类型	你所完成的事
小组活动	
个人学习	

108

第三节 蚕与蛾（2课时）

情境引入

从刚出生时毛茸茸的模样，到胖乎乎的大白蚕宝宝，再到坚硬而金黄的蚕蛹，最后破茧为蝶……蚕宝宝的一生，虽然只有不到两个月的时间，却经历了巨大的变化。为什么小狗、小鱼从一出生就长这副样子，随着时间的流逝只在体型上有较大改变，而蚕宝宝却有着这样神奇的变化呢？洁白的茧里究竟有什么东西在悄悄地改变？今天，让我们变成"透视眼"，瞅瞅蚕蛹里究竟发生了什么吧！

核心问题

1. 蚕宝宝的身体由哪几部分组成？
2. 蚕的一生有哪几个阶段？
3. 蚕在不同阶段有什么特点？

核心目标

1. 归纳蚕从出生到死亡的生命过程。
2. 识别常见的动物类别，描述某一类动物（如昆虫）的共同特征。
3. 利用已有材料，制作"蚕的一生"科学模型并附上讲解。

🕐 课时 1　蚕的生命历程

🖋 深入观察

　　下面是一张蚕宝宝的结构图片，它正处于幼虫阶段。亲爱的同学，你也正在养育蚕宝宝。你知道蚕的身体是由几部分组成的吗？快快观察你的蚕宝宝，看看它有几节、几对足。

皮肤 Skin　背脉管 Dorsal Vessel　生殖腺 Gonad　直肠 Rectum

吐丝器 Spinning Organ　气孔 Spiracle　丝腺 Serific Gland　马氏管 Malpighian Tubule　肛门 Anus

蚕幼虫结构图

🖋 知识卡片

　　蚕在不同的形态阶段，足的数量也不一样。

　　蚕的幼虫阶段：因为蚕是节肢动物，所以可以看出，它的身体在外观上是由一个个环节组成的。若划分蚕体结构的话，蚕体可分为头、胸、腹三部分。头部较小，略呈半球形；胸部和腹部共有 13 个环节。胸部紧接头部，比腹部膨大。胸部有 3 个环节，每个环节的腹面各有 1 对圆锥形的胸足。胸足前端有一个黑褐色的爪，主要功能是在蚕吃桑叶时帮忙夹住桑叶，并在其吐丝和爬行的过程中起辅助作用。蚕的腹部有 10 节，在第 3、4、5、6 节和最后一节也各有 1 对腹足。蚕用腹足来抓住物体爬行或固定身体位置。另外，在蚕的侧面还有 9 对黑色的气孔。

深入观察

看看下面的蚕宝宝观察记录，你也来学着写观察记录吧。

蚕宝宝观察记录

3月10日，买了150个蚕卵套盒，开始为期一个多月的养蚕历程。初始，蚕卵都是一颗颗细小的黑色小豆豆，像是植物的种子一般。

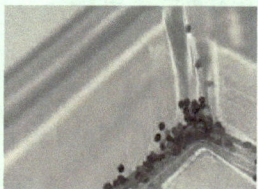

3月14日，气温12℃左右，黑色蚕卵开始慢慢变色，逐渐变成白色透明状颗粒。

3月18日起床，兴奋地发现第一只蚕宝宝，黑色的、细细的，像只小蚂蚁。马上为它准备上鲜嫩的桑叶。

3月24日，又过去了一周时间，随着气温的升高，每天都有新的蚕宝宝孵化出来，变成小"蚂蚁"。

蚕宝宝观察记录案例

蚕的一生

蚕作为完全变态的一种昆虫，完成一个生命周期要经历卵、幼虫、蛹、蛾（成虫）等4个不同的发育阶段，但它的一生十分短暂，前后大概只有40—60天的时间。

1. 蚕卵

蚕卵是蚕最初的生命形态。在这个阶段，它十分细小，也很轻，大约1700—2000粒蚕卵只有1克重。

经过1—2天的时间，蚕卵变为淡赤豆色，再经过3—4天，又变成灰绿色或紫黑色，然后卵的颜色不再发生变化。

2. 幼虫（桑蚕）

在最适宜孵化的室温下，发育成熟的幼虫开始咬破卵壳，先露出头，而后爬出卵壳，卵壳空了之后变成白色或淡黄色。刚从卵中孵化出来的幼蚕，小小黑黑的，要用放大镜才看得清楚，它的身上长满细毛，样子看上去很像蚂蚁，所以我们也称之为"蚁蚕"。

蚁蚕在出生后不久就会吃桑叶了，它吃得多长得也快，身体的颜色也慢慢变浅。每隔一段时间，蚕宝宝就会进入"眠"期，会从嘴巴里吐出一些丝来把自己固定在蚕座上，头胸部昂起，不再运动，好像睡着了一样。那它在干什么呢？原来这时候的蚕外表看起来静止不动，体内却为蜕皮进行着准备工作。蚕的表皮主要是由蜡质层和几丁质层构成的，不能随着蚕的生长而变大，因此，蚕每一"眠"都会蜕去旧皮，换上新衣。蚕的幼虫一般经历四"眠"，达到五"龄"。在这四眠五龄的过程中，蚕宝宝的体长可以增加23—28倍，体表面积可以增加约500倍。将近30天时间后，蚕体也会变得透明，这时蚕宝宝就要开始吐丝结茧了。

3. 蚕蛹

蚕蛹阶段是幼虫发育变态成成虫的过渡阶段。在吐丝结茧后，蚕会在茧中再次蜕皮变成蚕蛹。在茧中的时间会有 10 多天，此时，蚕在蛹体内的器官会发生剧烈的变化，最终会蜕变羽化成蚕蛾。

4. 蚕蛾（成虫）

蚕蛾是蚕的成虫阶段，形状有点像蝴蝶，可分为头、胸、腹三部分，全身披着白色鳞毛，头部有一对梳子状的触角。

雄蛾身体小触角大，而雌蛾正好相反，身体大触角小。此时，蚕蛾能够分泌出可以融化茧壳的溶茧酶，从蚕茧中钻出。雌蛾将会释放出一种性激素，吸引雄蛾进行交配。一头雌蛾一次会产下四五百粒蚕卵，完成繁衍下一代的使命。

集思广益

请根据观察记录和学习材料，在下方绘制蚕宝宝不同生命阶段的成长图，注意记录下时长。

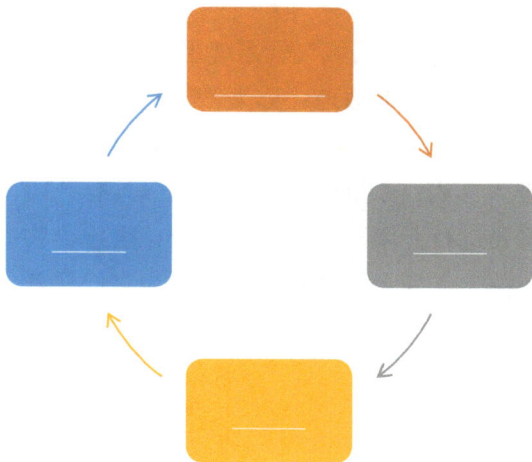

课时 2　蚕会"生病"吗

深入观察

不知道你有没有观察到，蚕宝宝的身上有一些黑色的斑点，这些斑点是什么呢？观察蚕宝宝的尾部，你发现了什么？

蚕宝宝身上的小黑点

丝博士告诉你

昆虫的呼吸系统由气门和气管系统组成，蚕宝宝身体两侧的小黑点是器官与外界联系的通道，称为"气门"，又称"气孔"。昆虫的气门通常有绒毛状或栅状的结构，起到过滤作用，能够阻止灰尘和有害物质进入体内；有些种类的昆虫气门具有开闭功能，根据需要进行开闭，调节体内水分，阻止异物侵入。因此，蚕宝宝身上的这些小黑点能为它们保驾护航！

集思广益

请与同学们一起讨论：在养蚕的时候，有没有碰到蚕宝宝生病的情况呢？蚕宝宝容易得什么病，该如何预防呢？

丝博士告诉你

家蚕和一般昆虫相同，对于外来病原的抵抗能力比较弱，但是我们可以依靠人类的力量预防其得病。

蚕病的种类很多，和我们人类的疾病一样，根据传染性，可以分为传染性蚕病和非传染性蚕病两类。传染性蚕病是指养蚕环境中的部分病蚕排放的病原微生物通过各种途径使更多的健康蚕感染而发病的蚕病。非传染性蚕病是指有病的蚕不会引起健康蚕发病的蚕病，以及由遗传、营养平衡和养蚕技术的不当等造成的生理性病害，这种蚕病除了发病个体会受到危害外，不会扩散到其他的蚕。

在1845—1865年的法国和意大利，属于单细胞原生动物的微粒子引起的蚕病曾流行长达20年之久，给欧洲蚕丝业带来了严重的损失。后来，法国微生物学家路易斯·巴斯德（Louis Pasteur）开展研究后，倡导进行养蚕消毒和通过对蚕种进行微粒子镜检来淘汰染病的蚕种，从而控制了病情。

非传染性疾病的病因包括节肢动物的伤害，环境中的有毒物质如农药、废气造成的中毒，以及生理缺陷、创伤等。比如，家蚕追寄蝇是一种寄生性昆虫，在家蚕幼虫期间将寄蝇卵产在蚕体上，孵化的蝇蛆钻入蚕体内，会导致小蚕死亡，或者大蚕结茧后蝇蛆长大钻出蚕茧进而使得蚕茧无法进行缫丝。

总之，蚕宝宝是很娇贵的动物，要在养护蚕宝宝的过程中充分做好蚕病的防治工作。这需要坚持"预防为主＋综合防治"和"大环境＋小环境"的原则。其中，从大环境来讲，要有良好的生态环境，养蚕期间，蚕区所在的农药厂和某些污染企业需要停止生产；从小环境来讲，蚕农需要重视蚕体、蚕具和环境消毒等工作，选育抗病品种，增强蚕体体质，监控蚕病，对病蚕进行控制隔离，等等。

🍃 **学习任务**

为了在校园内推广桑蚕文化，学校准备专门设置一个小小博物角。请各位同学自行组队，4—6人一组，以小组为单位，制作"蚕的一生"的展品。

请同学们利用多种类型的材料，通过查阅书籍、搜集资料、小组讨论，共同完成展品的制作和解说词的撰写。我们会通过小组互评和专家评价来选出最具特色的作品，并且会有一定的奖励哦！

任务评价（同伴互评）：

科学性（10分）	创意性（10分）	美观性（10分）	总分

🍃 **项目学习小档案**

在这一节中，你学到了哪些知识呢？快用思维导图梳理一下吧！

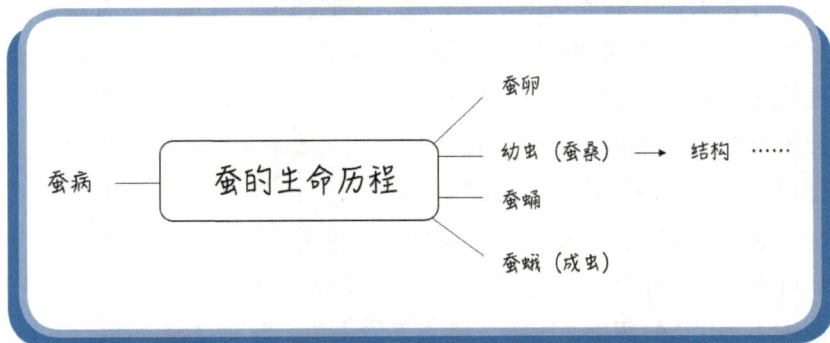

蚕病 —— 蚕的生命历程
- 蚕卵
- 幼虫（蚕桑）→ 结构 ……
- 蚕蛹
- 蚕蛾（成虫）

在这一节中，你做成了哪些有意义的事呢？

活动类型	你所完成的事
小组活动	
个人学习	

第四节 蚕与社会（2课时）

情境引入

"1名主祭、1名旗手、8名抬手、6名吹打乐人和12名蚕娘组成的祭祀队伍，抬着装满'利市头'、鸡、鱼、蚕茧、丝绸、蚕花、24只蚕花笪等吉祥物的祭品箱，从上含山的前门进入，一路吹打到'仙人潭'，列队祭祀。"——这是湖州含山蚕花节庆典活动的盛大开幕。

浙江省湖州市德清县是我国的蚕业发源地之一，它延伸出了一系列的蚕桑文化与桑蚕经济。蚕是怎样成为这座小城的血脉的呢？本节课我们将聚焦湖州，领略这座城市的桑蚕文化与经济。

核心问题

1. 有哪些诗词是与蚕桑有关的？
2. "蚕花节"的起源和内容是什么？
3. 桑基鱼塘的循环和生态意义是什么？

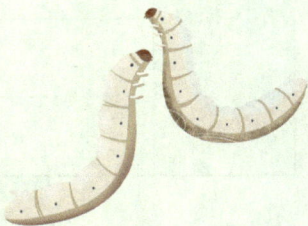

核心目标

1. 熟读、背诵与蚕桑相关的简单诗词。

2. 知道蚕风民俗"含山蚕花节"的起源与内容，将民俗文化与当地地理环境、社会环境相结合，分析其产生的原因。

3. 解释桑基鱼塘的生态循环过程，认同桑基鱼塘的多方面价值。

课时1 蚕桑文化

问题导入

你知道哪些与蚕、桑有关的古诗词？快和你的小伙伴一起讨论讨论吧！

丝博士告诉你

①蚕欲老，箔（bó）头作茧丝皓皓。——（唐）王建《簇蚕辞》

②乡村四月闲人少，才了蚕桑又插田。

　　　　　　　　　　　　——（宋）翁卷《乡村四月》

③母躬蚕桑父锄犁，耕无余粮织无衣。

　　　　　　　　　　　　——（宋）范端臣《新嫁别》

④女当力蚕桑，男当力耘籽。

　　　　——（元）赵孟頫《题耕织图二十四首奉懿旨撰》

⑤蚕桑从此起，农里各有营。

　　　　　　　　——（宋）韩维《村居晓起》

学习任务

在诗句①中，你从_____这几个字中看出蚕丝是_____色的。

从诗句②③④中，你可以总结出古代从事蚕桑的人群主要为_____，并且从事蚕桑的时间集中在_____。

丝博士告诉你

从"箔头作茧丝皓皓"可以看出，古人所养之蚕吐出来的蚕丝是白色的，可见古人这个时候养的就已经是家蚕了。但是，在自然界中，蚕茧的颜色有白色、黄色、稻草色、橙红色、粉红色和绿色。丝绸的颜色来自桑蚕吃桑树叶时对自然色素的吸收。

那为什么诗词中描述的是"乡村四月闲人少"？人们都在干什么呢？结合现实生活不难发现，农历的四月正是农民伯伯一年中最忙的时候，在这个时候，他们刚刚种下了桑树的幼苗，就马上要忙着插水稻的秧苗了，一片生机勃勃的场景呈现在我们的脑海中……

学习任务

处于吴越文化中心地带的浙江省湖州市是我国的蚕业发源地之一，有着悠久的养蚕历史。

以含山镇为例，含山镇位于湖州东南，属于南浔区。晋代张玄之的《吴兴山墟名》中写道："震泽东望，苍然荚苇，烟蔚之中，高丘卓绝，因以名焉。山有净慈院，其巅有浮屠。"含山周围便是中国丝绸文化的发祥地。

在湖州含山，有着非常热闹的蚕花节，以及一系列祭蚕神、清明踏青、轧蚕花、赛快船等活动！现在让我们一起来领略下这些精彩而又富有意义的活动吧！在了解完之后，请同学们阅读知识卡片，说一说你最喜欢蚕花节中的哪一项活动。理由是什么呢？

最喜欢的蚕花节中的活动：＿＿＿＿＿＿＿＿＿＿

理由：＿＿＿＿＿＿＿＿＿＿＿＿＿＿＿＿

＿＿＿＿＿＿＿＿＿＿＿＿＿＿＿＿＿＿

＿＿＿＿＿＿＿＿＿＿＿＿＿＿＿＿＿＿

📝 知识卡片

◎ **蚕神传说：蚕花娘娘三上含山**

　　传说，观音娘娘每年都派蚕花娘娘来蚕区巡视，为百姓消灾赐福。有一年，蚕花娘娘来含山巡视。蚕花娘娘脚踏祥云，来到含山上空，看见山上香火袅袅，听见庙内祷告声声，她落下祥云，变成身穿红衫乌裙、脚穿红鞋的村妇，来到观音庙中，看见众多善男信女在上香磕头，祈求观音菩萨保佑他们能获得蚕花十二分。蚕花娘娘就发了善心，她走上前去，将人们一一扶起，边扶边说："观音菩萨已经知道了大家的心愿，今年的蚕花大家一定十二分。"果然，经蚕花娘娘扶过的蚕农都得到了蚕花十二分。这是因为蚕花娘娘满身蚕气，被她扶过的人也就沾满蚕气，蚕茧自然有好收成。消息一传开，蚕农都说，清明日扶蚕农的一定是观音菩萨。

　　转眼到了第二年清明，含山方圆几十里的蚕农都背着红棉绸蚕种包上了含山，希望观音菩萨能扶一扶身子，得到蚕花十二分。这一天，蚕花娘娘真的来了。她在云中低头一望，庙内庙外山上山下，还有从水路旱路赶来的人纷纷涌入含山。她想：那么多人哪能每个都扶到啊？眉头一皱，计上心来。她变成了一个当地打扮的姑娘，上山又下山，绕了三六九遍的山，把蚕气留在含山上，想使游含山的人都染上蚕气。这一年，虽然有很多人家得到了蚕花十二分，但有些人家收成平平。第三年，蚕花娘娘扮成卖花姑娘，挽着一篮蚕花，在含山上叫卖，叫卖声又脆又甜，大家都争着买蚕花。奇怪的是，姑娘篮中的蚕花永远卖不完，蚕农都得到了蚕花十二分。从此，买卖蚕花的风俗就流传下来了。

◎ 蚕花节

蚕花节是江南独有的节日，主要集中在湖州南浔善琏含山、德清新市和桐乡乌镇的三角地带，蚕花节有特定的时间，为每年清明节举行。

轧蚕花是含山的一项重要蚕桑民俗活动，大约起源于宋代，历明清而益盛。蚕花，即刚孵出的幼蚕，浙江杭嘉湖一带方言亦称蚕茧收成为"蚕花"，轧蚕花活动所用的彩纸折成的小花也称为"蚕花"。

所谓的轧蚕花，就是蚕农们为了祈求风调雨顺、蚕桑丰收而举行的一项十分古老的蚕事风俗活动，可以说是蚕乡的狂欢节。早先，蚕农养蚕时留茧育种，为了确保育种成功，他们要背着蚕种包，头插蚕花，蚁拥含山，去蚕神庙祭拜蚕花娘娘，为他们的蚕宝宝祈求消灾祛病，祝愿蚕花丰收。年复一年，千年沿袭，就形成了含山独有的民俗文化活动——清明轧蚕花庙会。

含山轧蚕花的活动时间分头清明、二清明、三清明，从开始到结束，要闹上十来天。四面八方的蚕农每年清明争相上含山。青年男女穿上节日盛装，到山上购得蚕花数朵，或别在发髻上，或挂在胸前，或插在帽檐上，或插在甘蔗上，相互挤轧，山上山下，人声鼎沸，人流如潮，蚕花满山。山旁运河内龙舟、标杆船、打拳船、踏白船竞相献艺，热闹非凡。

祭祀蚕花娘娘的活动是在含山山顶蚕花娘娘的雕塑像前面举行的，仪典以庙界（即一庙所辖之地域、村坊）为单位，抬着当地土地、总管等地方神灵的塑像，簇拥上含山，绕山上宝塔一周，人们一路唱念经忏，并有锣鼓唢呐、丝弦管笛等伴奏，热闹非凡。而在含山塘的河面上还有以武术竞技为主的打拳船、拜香船、标杆船和以竞渡为主的踏白船、赛龙舟竞相云集献艺，场面热闹非凡，煞是壮观。在"轧蚕花"时，人越多，当年的蚕花就越兴旺，被称为"轧发轧发，越轧越发"。含山轧蚕花庙会，不仅是江南最大的蚕神祭祀节日，也堪称中国最大的蚕神祭祀节日。

含山轧蚕花庙会历史悠久、内容丰富、特色鲜明，具有见证江南蚕乡宗教、民俗、生产、生活、艺文等传统的价值。数百年来，含山轧蚕花庙会对增强社区认同和促进社会和谐发挥了重大作用。轧蚕花是人类非物质文化遗产代表作——中国蚕桑丝织技艺的内容之一。

课时 2　蚕桑经济

问题导入

　　从上一课时，我们可以看到，蚕花节十分精彩！可为什么蚕花节只集中在几块区域，在其他地方却没有看到类似的节日呢？

丝博士告诉你

　　蚕桑丝织是江、浙、蜀等地文化遗产中的重要组成部分，在历史的长河中，蚕乡各地逐渐形成了一系列具有蚕桑丝织特征的民俗活动，孕育了蚕乡特殊的蚕事习俗。

　　湖州素有"丝绸之府"美称，是中国著名蚕乡。从古至今，种桑、养蚕、缫丝、织绸一直是湖州人民生产、生活的重要组成部分。伴随这些生产活动，祭蚕神、轧蚕花、赛快船等一系列蚕事风俗得以衍生。也正是依靠这些活动，从古至今的老百姓能够过上美好生活，所以他们分外感恩上天给他们的恩赐。

集思广益

　　社会上有一部分人认为，含山蚕花节祭蚕神、轧蚕花等活动是封建迷信，它的存在是不合理的，并且不应该在当今时代大力推广这样的蚕花节；也有一部分人认为，这是地方人民宝贵的桑蚕文化遗产，是人们尊敬自然、感恩自然的体现，应该加以保护和宣传。

　　那么你是怎么认为的呢？请和你的同学以小组为单位，通过组员们互相交流，形成小组的观点，之后在各小组之间集思广益。

拓广探索

　　湖州含山位于蚕区的中心地带，蚕桑生产是当地人的经济命脉。热闹的蚕桑庆典活动与当地桑蚕经济的发展也紧密相关。湖州桑基鱼塘系统起源于春秋战国时期。2018 年，湖州桑基鱼塘入选《全球重要农业文化遗产保护名录》。

　　请查找资料，结合桑基鱼塘系统生态循环模式图，说说循环模式图的含义。

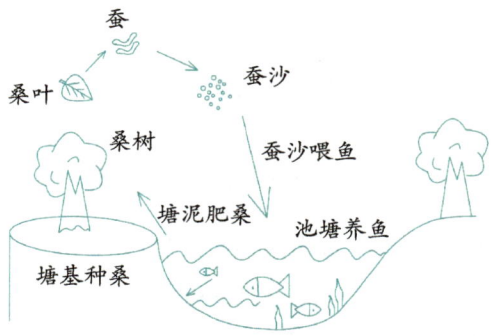

桑基鱼塘系统生态循环模式图

　　关键词：塘泥、桑树、蚕、鱼等。

　　循环模式图：＿＿＿＿＿＿＿＿＿＿＿＿＿＿＿＿＿＿＿

＿＿＿＿＿＿＿＿＿＿＿＿＿＿＿＿＿＿＿＿＿＿＿＿＿＿＿＿

　　桑基鱼塘的意义：＿＿＿＿＿＿＿＿＿＿＿＿＿＿＿＿＿

＿＿＿＿＿＿＿＿＿＿＿＿＿＿＿＿＿＿＿＿＿＿＿＿＿＿＿＿

🌿 丝博士告诉你

桑基鱼塘的生产方式是：蚕沙（蚕粪）喂鱼，塘泥肥桑，种桑、养蚕、喂鱼三者结合，形成桑、蚕、鱼、泥互相依存、互相促进的良性循环。它综合效应显著，既避免了水涝，营造了十分理想的生态环境，达到了可观的经济效益，又减少了环境污染。这种模式对于社会主义生态文明建设具有重要意义，同时也是联合国粮食及农业组织推荐的最佳生态模式。

桑基鱼塘的主要特点：一是种桑与养蚕、养鱼相结合，生产上有紧密的联系；二是植物与动物互养，形成良性的生态循环；三是塘和基的比例为六比四（或七比三），六分（或七分）为塘，四分（或三分）为基，塘与基合理分布，水陆资源相结合。

桑基鱼塘作为一种复合生态系统，其物种多样性突出，包括其自身的桑、蚕、鱼，还有塘基上的蔬菜、水果、花卉等经济作物，以前养殖传统青鱼、草鱼、鲢鱼、鳙鱼四大家族鱼类，现也扩展养殖加州鲈鱼、黄颡（sǎng）鱼等特种名优品种，再加上家畜、候鸟及各种浮游生物，基塘系统共生共存的生物种类达百种之多。桑基鱼塘的发展，相继孕育了丰富多彩的饮食文化、服饰文化、民俗文化、建筑文化及宗教信仰文化等。扫蚕花地、唱蚕歌、演蚕花戏、扎蚕花、千金剪纸、渔家乐等典型习俗和民间艺术也在此产生。

🌿 知识卡片

杭州城北，在半山皋亭山南麓有个名叫倪家门的自然村，村名沿用至今，当地曾以养蚕植桑为业。宋政和年间，倪氏后裔的娘娘出生，自幼聪慧，饲猫护蚕，蚕花兴旺，家业安康。当娘娘长成闺秀之时，金兵入侵，娘娘捐躯守节，慈爱显灵，撒沙护国。于是，百姓立庙祭祀，宋高宗首崇祀典，刺封"撒沙护国显应半山娘娘"。据说，半山娘娘殿内塑像前，时常出现黑、白、黄等七彩神猫。尔后，为纪念半山娘娘撒沙显灵护国，倪氏后人除了忙于桑事，还自制双面泥猫摆放在半山娘娘庙前的一只石臼里，出售给前来进香的人们。泥猫大小不一，色彩、形态也有五六种，且惟妙惟肖。从那时候开始，香客们进香时购买几只泥猫的风俗流传至今。"半山泥猫习俗"还被列入《浙江省级非物质文化遗产名录》。

古时候，泥猫都由半山娘娘庙雇用的工匠手工制作而成，工艺讲究，泥猫造型如活猫再现。农历五月初一是半山娘娘的诞辰，这一天，半山娘娘庙会迎来周边地区很多虔诚的香客，特别是来自杭嘉湖地区以养蚕为业的桑农们。他们成群结队，头缠毛巾，背着香袋，沿着隋唐时开凿的运河水系，冒着夜色，一路浩荡。黎明时分，泊船半山桥畔，香客队伍逶迤数里，入半山娘娘庙进香，祈福蚕花。热闹的祈福仪式结束后，在渐渐降临的暮色中，桑农们怀着喜悦的心情踏上了归途。但在回家之时，桑农们都喜欢买上几只濒临失传的双面泥猫作为礼物送给亲戚朋友，用以消灾祛邪，祈求家业丰足。

半山泥猫的制作工艺非常复杂。首先取泥、和泥、入模、出模，然后进行晾干、上白粉、线描、上彩等十多道工序。制作泥猫需要泥、模具、画笔、颜料等几样必不可少的工具。其中，泥和模具的质量非常重要，直接关系到泥猫的质量好坏和造型活泼与否。

成长日记

经过本节课的学习，你发现蚕对社会的影响有：＿＿＿＿＿＿＿＿＿

＿＿＿＿＿＿＿＿＿＿＿＿＿＿＿＿＿＿＿＿＿＿＿＿＿＿＿＿＿＿＿＿＿＿

＿＿＿＿＿＿＿＿＿＿＿＿＿＿＿＿＿＿＿＿＿＿＿＿＿＿＿＿＿＿＿＿＿＿

＿＿＿＿＿＿＿＿＿＿＿＿＿＿＿＿＿＿＿＿＿＿＿＿＿＿＿＿＿＿＿＿＿＿

＿＿＿＿＿＿＿＿＿＿＿＿＿＿＿＿＿＿＿＿＿＿＿＿＿＿＿＿＿＿＿＿＿＿

＿＿＿＿＿＿＿＿＿＿＿＿＿＿＿＿＿＿＿＿＿＿＿＿＿＿＿＿＿＿＿＿＿＿

项目学习小档案

在这一节中，你学到了哪些知识呢？快用思维导图梳理一下吧！

经济 —— 蚕桑 —— 文化 —— 诗歌
节日 → 蚕神传说
→ ……

在这一节中，你做成了哪些有意义的事呢？

活动类型	你所完成的事
小组活动	
个人学习	

你对这一单元的学习还有哪些疑问呢？快点记录下来吧！

问题 1：_____

问题 2：_____

问题 3：_____

小小织造家

（8课时）

单元导语

在"小蚕大世界"的探险中，我们已经深入了解了蚕宝宝的一生。那么，蚕宝宝吐出来的丝究竟是怎么一步一步变成我们所看到的绸缎的呢？

在接下来的学习过程中，我们将穿越时光机器，透过古老的文物，还原最原始的缫丝生产场景；通过小组合作，我们将一起体验如何用织造机编织一张精美独特的杯垫；而通过解密植物染料的制作过程，我们将一起利用看似平平无奇的树叶来为我们的手帕晕染出斑斓的色彩。丰富多彩的织造世界的大门已经为你打开，请在知识之路上握紧方向盘，努力成为最出色的小小织造家吧！

适用年级

3—6 年级。

项目情境

小小的蚕丝中蕴藏着无穷的织造学问。请化身为小小织造家，用手工的方式，将生产出的蚕丝经过一系列的加工，织出华美的丝绸织品。再运用多种多样的添花技术，来制作一条丝绸小手帕吧！

核心问题

在蚕丝变成丝绸的各种工艺中，缫丝、织造以及各种添花技术的具体步骤和原理是什么？

问题网络图

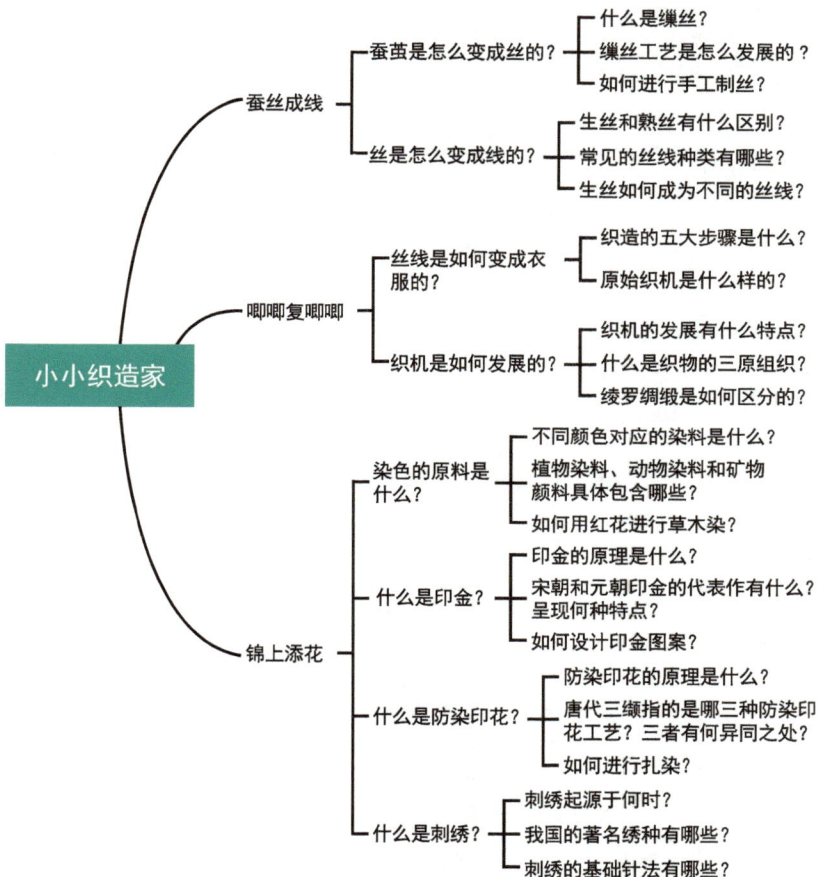

项目目标

素养目标	人文底蕴、学会学习、责任担当、健康生活、实践创新
具体目标	●探究缫丝、织造、印染、刺绣等技术的基本工艺和原理，感受中华文化的源远流长和推陈出新。 ●动手探究、体验各种工序，经历合作学习和自主学习的过程。 ●理解丝绸织造技术的演变与发展，体会中国古代劳动人民的智慧成果，形成文化自信。

相关学科标准

学科	学科标准内容
科学	（一）3—4年级：知道设计包括一系列步骤，完成一项工程设计需要分工与合作，需要考虑很多因素，任何设计都受到一定条件的制约；知道使用工具时朝着更加精确、便利和便捷的方向演变；知道工程设计的基本步骤包括明确问题、确定方案、设计制作、改进完善等；针对一个具体的任务，能够按照设计的基本步骤来完成指定任务。 （二）5—6年级：了解科学技术推动着人类社会的发展和文明进程；知道重大的发明与技术会给人类社会的发展带来深远的影响和变化；知道完成某些任务需要特定的工具；了解一项工程由多个系统组成；能够根据现实的需要完成任务或制作物品。
数学	了解与掌握数字点阵与描述物体所在的位置。
美术	了解点、线、面，学会色彩的初步运用、搭配与设计。

续表

学科	学科标准内容
语文	**（一）3—4年级** 1. 识字与写字：有初步的独立识字能力。会运用音序检字法和部首检字法查字典和词典。 2. 阅读：能联系上下文，理解词句的意思；能初步把握文章的主要内容，体会文章表达的思想感情。能对课文中不理解的地方提出疑问；诵读优秀诗文，体验情感，展开想象，领悟诗文大意。 3. 口语交流：能清楚明白地讲述见闻，说出自己的感受和想法。 4. 综合性学习：结合语文学习，观察大自然，观察社会，用书面或口头的形式表达自己的观察所得。 **（二）5—6年级** 1. 阅读：学习浏览，扩大知识面，根据需要搜集信息；能联系上下文和自己的积累，推想课文中有关词句的意思，辨别词语的感情色彩，体会其表达效果。 2. 写作：能写简单的纪实作文，内容具体，感情真实。能根据内容表达自己的需要，能够分段表述。 3. 口语交际：与人交流能尊重与理解对方；乐于参与讨论，敢于发表自己的意见；表达有条理，语气语调适当；能根据对象和场合，稍做准备，做简单的发言。 4. 综合性学习：初步了解查找资料、运用资料的基本方法。

课时安排

第一节　茧丝成线（2课时）

第二节　唧唧复唧唧（2课时）

第三节　锦上添花（4课时）

第一节　茧丝成线（2课时）

情境引入

中国最早的丝绸出现在距今5000多年前的黄河流域，郑州荥（xíng）阳青台、汪沟等仰韶时期文化遗址中，就出土过桑蚕丝织成的罗织物。而钱山漾遗址出土的丝织品是迄今为止在长江流域发现的最早的丝绸产品，这说明距今4400—4200年前在长江流域已有养蚕、缫丝和织绸的技术。

在第二单元的探险中，我们已经明白，蚕宝宝是如何一步步成长蜕变吐丝成蚕茧的。在本节中，我们将继续探索丝线是如何从蚕茧变换而来的。

核心问题

1. 什么是缫丝？缫丝工艺是怎么发展的？

2. 如何进行手工制丝？

3. 生丝和熟丝有什么区别？生丝如何成为不同的丝线？

4. 常见的丝线种类有哪些？

核心目标

1. 说出缫丝的概念和基本工艺，描述手工制丝的四项基本流程。

2. 比较生丝和熟丝的异同点，并能根据实际情况加以运用。

3. 说明丝与不同种类丝线的关系及成品原理，能够辨认并制作不同种类的丝线。

课时 1　如何进行手工制丝

问题导入

请先来猜一下，这两幅图在现代是哪两个字？为什么这么判断呢？

丝博士告诉你

以上这两个字分别是"丝"（甲骨文）和"线"（小篆体）。

从丝的甲骨文中可以看到，"丝"字由左右相似的两部分组成，其中串联的圆圈是蚕茧的象形，所以"丝"字表示由许多粒蚕茧经缫丝而成，而一丝则为两股。

《说文解字》中对"线"的解释是"整缕未细分的麻丝"。繁体字的线写作"綫"，左边为"丝"，右边的"泉"意为源源不断，因此也可以看出，"线"指的就是可以源源不断抽出细丝的细丝缕。

追溯"丝"和"线"的字源，我们可以发现，当蚕宝宝变成蚕茧后，人们就可以通过一定的工艺提取蚕茧的丝，将若干根丝同时抽出并利用丝胶将它们粘在一起，进而再制成丝线。

集思广益

了解完"丝"和"线"的象形文字后，你是否很好奇：一个个可爱的蚕茧是如何抽出丝的呢？

工艺上，把从蚕茧中抽出蚕丝的这一过程叫作"缫丝"。让我们回顾一下，在三年级的科学课程中，我们曾经学过的有关缫丝的知识。下面，请动动小脑筋思考一下：蚕茧是如何变成丝的呢？请和同学们互相讨论并说说自己的猜想。

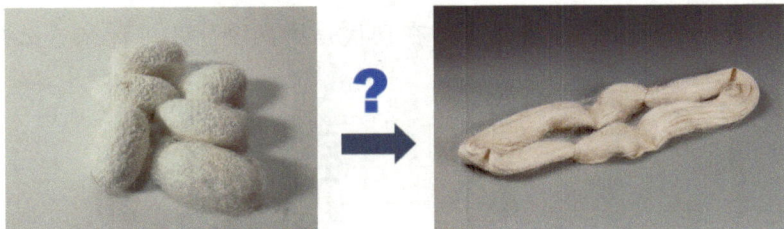

蚕茧变丝

丝博士告诉你

让我们一起看看《说文解字》中对"缫丝"是怎么定义的。根据《说文解字》的释义，"缫"为"绎茧出丝"，传统缫丝技艺就是把若干粒煮熟的茧的茧丝离解，合并成一股，制成生丝。

知识卡片

让我们一起来揭秘缫丝的各个步骤吧！

缫丝步骤详述	缫丝步骤图片
选茧：就是将茧分成不同质量等级的茧。上茧是指茧形、茧色、茧层厚薄及缩皱正常无疵点的茧；次茧指有疵点的茧；下茧是指有严重疵点、不能或很难缫正品生丝的茧，如黄斑茧。	 选茧

缫丝步骤详述	缫丝步骤图片
剥茧：拿到蚕茧后，要将蚕茧外的茧衣剥掉。需要注意的是，茧衣可以用来抽线，不是没用的废弃物。	 剥茧
煮茧：①要用清水煮茧，这样缫出来的丝就会透亮；②要用无烟的柴火，否则受到烟熏的蚕茧缫出来的丝就不会很透亮；③要注意观察火势，火势过大水太热，缫出来的丝就会有较多瑕疵，火势过小水没有热起来，蚕丝就容易散开；④一次所缫蚕茧大概为 20 个，不可太多，放得太多煮久了容易降低蚕丝质量；⑤换水不要太过频繁，否则煮出来的蚕丝虽然透亮但不会白皙。	 煮茧
缫丝：用索绪工具在盆中不断搅动，就可撩起丝头，然后把几根蚕丝绾在一起，即可开缫。绾的丝数量不同，丝就会有粗细。一条蚕吐的丝曰"忽"，四五根丝绾在一起曰"系"，二系合在一起曰"丝"。	 缫丝

丝路奇幻之旅

学习任务

请认真观看手工制丝的视频，并在小组中讨论下面的问题，用文字或画图的形式记录在知识卡片上，并和大家分享。

手工制丝流程			
步骤	具体操作说明（文字/画图）	问题	回答
选茧		为什么不是使用破茧后的蚕茧进行缫丝呢？	蛾子还没爬出来的完整的蚕茧，是由一根完整的丝组成的。如果已经爬出了蛾子，那个茧就被破口了，丝就断成很多根，导致缫丝质量不高。
剥茧		剥茧后的浮丝还有其他用处吗？	在缫丝时，外面的茧衣可以用来抽线，不是没用的废弃物。
煮茧		请问视频中为什么要用热水煮茧呢？如果用冷水可以吗？	干茧茧层上的茧丝之间胶着力较大，而缫丝时丝条的抽取速度较快，张力较大，极易断丝。煮茧能适当地膨润和溶解丝胶，增大茧丝的强力，保证茧丝能连续不断地按顺序离解。所以，煮茧的实质是使丝缕之间的胶着力减少到一定程度，便于缫丝。
缫丝		视频中使用了哪种工具进行绕丝？你能想到用其他什么工具去替代它吗？	视频中用手摇缫丝车进行绕丝。在古代的缫丝过程中，还有用到纺轮、脚踏缫丝车等其他工具的。

138

🖋 动手实践

欢迎来到"缫丝体验馆"！接下来，请大家通过小组合作的形式，根据学过的知识，一起完成缫丝的奇妙之旅吧！

缫丝要求：

1. 操作前对小组各成员的任务进行分工。

2. 过程必须包含选茧、剥茧、煮茧、缫丝四个步骤，请结合实际，记录下小组操作过程中最困难的步骤。

任务评价（同伴互评）：

作品美观度 （10分）	时间把控度 （10分）	小组分工明确 （10分）	总分 （30分）

🖋 成长日记

经过本节课的学习，你明白了缫丝工艺的具体步骤和注意事项

是：_____

_____

_____

_____

_____

⏰ 课时 2　丝线的种类有哪些

🍃 问题导入

上节课我们通过字源故事、知识卡片的学习，体验了手工缫丝。你觉得，手工缫丝存在哪些操作不便的地方和可以改良的地方？

事实上，在现在的生产生活中，我们使用最普遍的是工业制丝技术，不论是流程步骤还是制作标准，它都比手工缫丝技术要复杂许多。古往今来，缫丝的发展并不是一蹴而就的。今天，就让我们一起乘着时光机器，来了解一下缫丝工艺的发展历程吧！

请带着以下问题去阅读：

· 手摇缫丝车和脚踏缫丝车有哪些相同点和不同点？

· 缫丝工艺的发展趋势是什么？

🍃 知识卡片

缫丝的发展源远流长，那么古人是如何发现养蚕缫丝织绸的呢？让我们一起揭开缫丝的发展历程吧！

发展历程	内容	图像
上古时代：神话传说	相传，黄帝的妻子嫘祖偶然发现了山上的蚕会吐丝结茧，聪明的她想到可以把丝罩在身上当衣服，于是她便试着把野蚕进行家养。可是，她不知道如何从茧中抽出丝来，直到有一次，嫘祖无意间将几个蚕茧掉进了沸水里，她慌忙捞出，结果看到从蚕茧中扯起了丝线。嫘祖得到启发，从而发明了缫丝技术，她也因此被尊称为"蚕神"。	先蚕嫘祖

发展历程	内容	图像
秦汉：手工制丝	秦汉时期，缫丝时通常是先用沸水煮茧，理出丝头，再将蚕丝缫引出来。《春秋繁露》有云，"茧待缫以涫（guàn）汤，而后能为丝"，说明当时这种沸水煮茧法已经得到了普遍应用；而缫丝工具也出现了轱辘式的手摇缫丝车的基本形状。	 煮茧法
隋唐：手摇缫丝车	隋朝大运河的开通为南北经济的贯通提供了更多的便利，统治者更加注重发展南方的丝织业，于是手摇缫丝车出现了。其结构是把绕丝框和转轴相结合，做成好像轱辘一样的装置，使用时用手转动，再加上引导蚕丝卷绕线路的钱眼和滚轮结构，该装置在运转过程中会发出声响，即后来所称的"响绪"，所以才会有"索索缫车鸣"这样的描述。	 手摇缫丝机
宋元、明清：脚踏缫丝车	宋朝的缫丝车得以改进和完善，出现了脚踏缫丝车。最大的改进便是脚踏缫丝车只需一人操作。操作时，双手的任务集中在蚕茧上，一脚踩动踏板带动曲柄管，使得绕丝框旋转并将蚕丝卷绕出来，顺利地进行缫丝。显然，操作者用它缫丝时可以腾出两只手来索绪、添茧等，因而生产效率大大提高。南宋《蚕织图》中的制丝图就很好地表现了脚踏缫丝车的操作场面。脚踏缫丝车因其生产效率高、劳动强度较低，一直流传到现在，满足了农村家庭自给自足的需要。	 《蚕织图》（部分），黑龙江省博物馆藏

续表

发展历程	内容	图像
近现代：大型机械缫丝机	现代工业化的缫丝利用大型机械缫丝机，根据产品规格要求，把若干粒煮熟的茧的茧丝离解，合并制成一定纤度的生丝。该过程包括煮熟茧、索绪、理绪、茧丝的集绪、拈绪、缫解等，中途断头的要添绪和接绪，还要进行生丝的卷绕和干燥。大规模的机器生产极大地提高了生产效率，且其生产的丝色泽好，丝条均匀，丝质佳。	 工业缫丝

🔖 **学习任务**

缫丝所得的产品叫作"生丝"，此外还有一种丝叫"熟丝"。阅读下面的材料，请分析生丝和熟丝的区别。

丝绸种类	区分标准	特点	用途	染色	分类
生丝					
熟丝					

🔖 **知识卡片**

桑蚕丝分为生丝和熟丝：生丝通过在肥皂溶液中煮沸除去油脂，而熟丝是生丝经过缫丝、复摇、整理而成的。

生丝柔软光滑，手感丰满，拉伸度好，富有弹性，吸湿性强，且对人体无刺激性，是高级纺织材料，具有优良的电绝缘性、绝热性和非易燃（燃烧缓慢）的特性，在工业、国防和医学方面都有重要用途，如制作绝缘材料、降落伞、人造血管等。

熟丝是相对于生丝而言的，生丝去胶质后，柔软具有光泽，称为"熟丝"。熟丝沾染颜色的能力比较好，不会产生变色脱色以及不均匀的现象。同时，熟丝又称为"丝绵"，可以用来做蚕丝被或者棉衣棉裤。相比之下，生丝是丝线或织物生产用的原料，是用于织绸缎的。生丝可以染色，但是容易脱色。

集思广益

请以小组为单位交流以下问题：假如你现在是一名采购员，需要采购一种生丝或熟丝，请根据你已经掌握的生丝和熟丝的特点，在正确的丝织品下面打√，并说明理由。

丝绸种类	蚕丝被	降落伞	棉衣棉裤
生丝			
熟丝			
理由			

拓广探索

让我们一起来探究"丝"是如何变成"线"的吧。

步骤	图像
绒丝：将生丝合并后，再进行精练染色，就能得到各种未加捻的有色散丝，俗称"绒丝"，可用于织造花纹。	 天鹅绒
加捻丝：将丝线扭转、使之产生螺旋效果的工艺称为"加捻"。其捻转的方向，用英文字母"S"或"Z"的倾斜方向表示，称为"S捻"或"Z捻"，也称为"左捻"或"右捻"。	捻杆转动方向 S捻与Z捻

🖋 **成长日记**

　　亲爱的同学，恭喜你顺利完成"小小织造家"的初次学习与挑战。请写下你的所看、所思、所想吧！如果在课堂上有喜欢的图片、小卡片等，也可以收集在一起，这将成为你日后宝贵的回忆。

项目学习小档案

在这一节中，你学到了哪些知识呢？快用思维导图梳理一下吧！

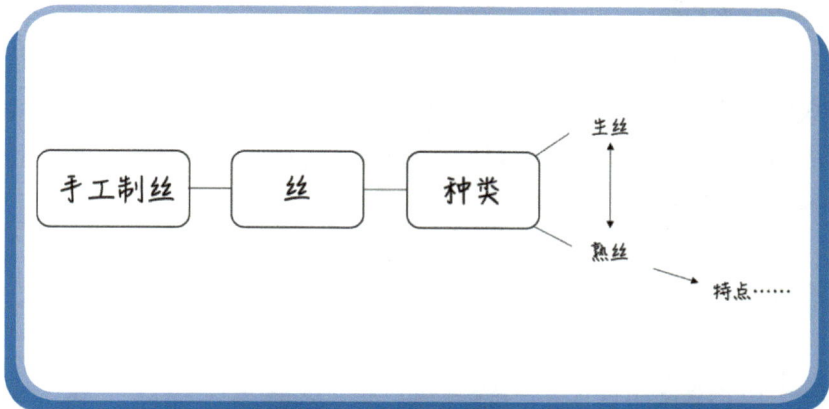

手工制丝 —— 丝 —— 种类

生丝

熟丝 —— 特点……

在这一节中，你做成了哪些有意义的事呢？

活动类型	你所完成的事
小组活动	
个人学习	

第二节　唧唧复唧唧（2课时）

🟢 情境引入

　　蚕宝宝吐的丝变成了线，那么线又是如何进一步变成我们穿的衣服的呢？上节课我们已经学习了丝线的制作，而作为小小织造家的你，还要继续学习如何对不同的丝线进行加工，并利用丝线制作各式各样的衣服。

🟢 核心问题

　　1. 织造的五大步骤是什么？

　　2. 原始织机是什么样的？

　　3. 织机的发展有什么特点？

　　4. 什么是织物的三原组织？

　　5. 绫、罗、绸、缎是如何区分的？

🟢 核心目标

　　1. 知道送经、开口、投梭、打纬、卷布五大织造步骤。

　　2. 熟知织造机发展的历程，掌握原始腰机的历史起源、地理分布与运作原理，基本了解踏板织机和提花机的特征。

　　3. 解释织物的三原组织，并能判断各自的结构特点。

　　4. 根据三原组织，区分绫、罗、绸、缎。

课时 1　织造的五大工艺

问题导入

　　在数学学习中，我们知道，"面是线的连续移动至终结而形成的"。以此类推，要做成衣服，是不是只要把很多很多的丝线"拼"在一起就好了呢？用什么方法"拼"才能把所有的线牢固地"粘"在一起呢？

　　接下来，你需要自己动手尝试。假设你的双手是一根一根的丝线，如何将两根手指牢固地"拼"在一起，形成一个平面呢？

　　•如果两根线平行，它们能牢固地"粘"在一起吗？

　　•两根线垂直，要怎样才能让丝线不被轻易抽出？

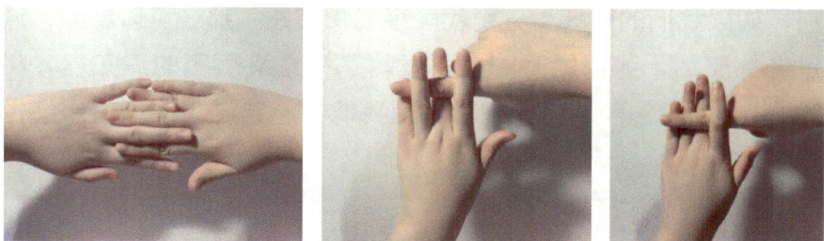

穿经引纬手势示例图

学习任务

　　请同学们根据"知识卡片"中对五大织造步骤的描述，观察各张图片，把五大步骤的序号填在对应的图片下面。

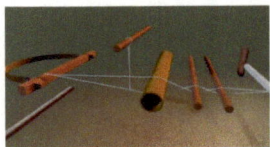

（　　）　　　　（　　）　　　　（　　）

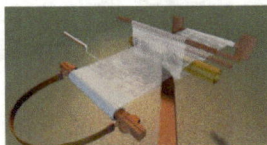

（　　）　　　　（　　）

🍃 知识卡片

　　如果我们的两只手分别代表经线和纬线，那么可以看到，通过经纬交错，我们聪明的祖先发明了神奇又厉害的织布机，将线"拼"成了各种各样的织物。让我们一起走进古人们的织造世界吧！

织造五大步骤：
1. 送经：要把织绸用的经线布在经轴上，并把它按需放出来。
2. 开口：送出来的经线也要按需分成上、下两层，形成一个梭口才能交织；根据经纬交错的要求，开口也分为自然开口和提综开口。
3. 投梭：织工用一把梭子绕纬线穿过这个梭口，为之后的打纬做铺垫。
4. 打纬：留在梭口里的纬线必须打紧了才能形成下一个梭口；打纬的声音就是"不闻机杼声，唯闻女叹息"中的机杼声。
5. 卷布：把织好的布卷绕在一根布轴上，方便脱车拿取。

送经 ➜ 自然开口 ➜ 投梭 ➜ 打纬 ➜ 提综开口 ➜ 卷布

织造流程示意图

学习任务

最原始时期的织机实物已不存于世，但我们可以在文物中窥得一二踪迹。下面材料中的两个汉代青铜贮贝器（古代滇人盛放贝币的器具，类似于今天的储币罐）呈现了汉代的生活场景。请问你能看到织布的活动吗？请在下方横线上，写出让你印象最深刻的内容。

环境	人物	活动

纺织场面贮贝器（鼓形）: 此件贮贝器盖上共铸有 18 人，从其外貌形态可知均为女性。器盖边缘有踞坐者数人，最为引人注目的是使用腰机进行织造的女奴形象，她们统一席地而坐，将织机用腰带缚在腰上，脚蹬住经轴，依靠两脚及腰脊控制经丝的张力，同时双手不停地在经纬轴上忙碌着。贮贝器形象地反映了当时云南地区使用原始腰机进行纺织生产的情况。

纺织场面贮贝器（鼓形），中国国家博物馆藏

149

纺织场面贮贝器（桶型）： 器盖上采用圆雕手法铸有 10 人（皆为女性）。场面正中，一位贵族女子通体鎏金坐于一铜鼓之上，有人手持食盒跪侍其左侧、有人跪其后为其撑着华盖，另一人跪其前方，似正挨训斥和责骂；另外六人，两人作绕线状，其余的正忙于穿梭、打纬。这是典型的腰机纺织的各道工序及操作过程的生动再现。

纺织场面贮贝器（桶型），云南李家山青铜器博物馆藏

🔖 **知识卡片**

浙江河姆渡遗址曾发现最早的原始织机，又称为"原始腰机"。所谓的原始腰机，是指一种没有支架，而是以人来代替支架，用腰带缚在织造者的腰上，但能够用手实现提综开口等织机基本功能的机具。在使用过程中，需要织造者腰部和双手双脚的通力合作。这种织机在现代佤族、独龙族、黎族等少数民族，以及在埃及、秘鲁、印尼等地还能看到。

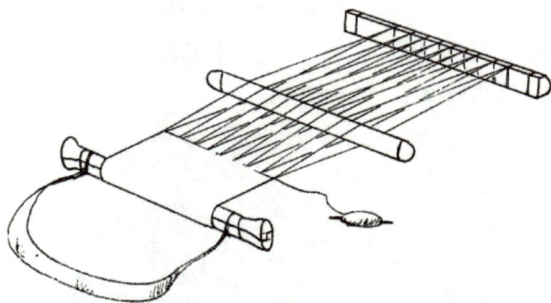

良渚腰机复原图 [1]

---

[1] 赵丰，桑德拉，白克利. 神机妙算：世界织机与织造艺术 [M]. 杭州：浙江大学出版社，2019：194.

动手实践

尝试用简易编织机编织一个杯垫，体验和掌握引纬、打纬、开口等织造步骤。你还可以尝试用不同颜色和不同类型的丝线来编织色彩斑斓的装饰品哦！

简易杯垫部分成果图

请给你的作品评分吧（圈出星星，满分5颗星）。

作品完整	☆ ☆ ☆ ☆ ☆
色彩美观	☆ ☆ ☆ ☆ ☆
纹案准确	☆ ☆ ☆ ☆ ☆
实用性强	☆ ☆ ☆ ☆ ☆

成长日记

你制作的杯垫所采用的颜色是：_____。你之所以采用这些颜色，是因为：_____。你认为制作过程中最困难的步骤是：_____。你的杯垫最大的优点是：_____。

_____

_____

⏱ 课时2　绫、罗、绸、缎一样吗

🔖 问题导入

请看下方"机"的繁体字"機"，猜一猜它的组成部分各代表什么意思。

機

"机"的繁体字

🪶 丝博士告诉你

"機"字是一台织机的形象。在中国古人看来，丝织机是当时最为复杂的工具。它的左侧是一个"木"字，表示织机是用木头做的，右侧的下面是一个戍字，是一个织机机架的侧视图，而戍字上面的"幺"说明中国的织机织的是丝线，不是毛线、棉线、麻线，与世界其他国家的纺织不同。汉字中的"机"字最初指的就是丝织机，后来逐步扩大到其他工具，比如"机器""机械""机床"。可以看出，和"机"相关的工具极富技术含量，于是"机"就成了"智慧"和"聪明"的象征，比如"机智""机敏"等词语。

🪶 集思广益

亲爱的同学，回顾上次课我们所了解到的有关原始腰机的内容。想一想：如果让你去使用原始腰机，你会有什么样的体验和感受？请从令你开心和不开心的角度来写一写，并和小伙伴们交流分享。

😊 _____
_____
_____
_____

🙁 _____
_____
_____
_____

🍃 **学习任务**

　　织机的发展有很多特点。请同学们阅读下方"知识卡片"中有关织机发展的材料，选择各织机的特点，填写到对应的横线上。

　　①生产效率高　②织物种类纹案多样

　　③生产效率低，劳动强度大　④织造质量提高

　　⑤以身体为机架

　　⑥人类最早发明和使用的织机

　　⑦适用织物的结构简单

原始腰机：_____

踏板织机：_____

提花织机：_____

🪶 知识卡片

织机类型及其图片	织机简介
原始腰机 原始腰机示意图	原始腰机是需要人席地而坐的"踞织机"。《孔雀东南飞》中有描写织布的诗句："鸡鸣入机织，夜夜不得息。三日断五匹，大人故嫌迟。"可以看出，原始腰机的生产效率很低。因为原始腰机没有机架，所以织工一般会利用自己的身体，把卷布轴绑在自己的腰间，把经轴用脚撑住，显然这样比较辛苦，劳动强度大，生产效率低。要想获得高质量的丝绸，原始腰机显然做不到。
踏板织机 汉代踏板织机复原图	由于原始腰机生产效率太低且劳动量大，为了使织工能腾出手来专门用于投梭和打纬以提高生产力，人们发明了固定经轴和布轴的机架；而且在机架上安装了脚踏板，用脚踏板来传递动力拉动综片进行开口，身体不再是机架。这种手脚并用的方式，极大地提高了生产效率。中国丝绸博物馆以汉代釉陶织机为主要依据，同时参考其他汉代画像机中的图像复原了一台踏板织机，这类织机仍在民间使用。

续表

织机类型及其图片	织机简介
提花织机  四川成都老官山汉墓出土织机复原图	早在2000多年前，当两河流域的人穿着毛布、南亚欧大陆的印度人穿着棉布、埃及人穿着麻布的时候，中国人已经身着各色绫罗绸缎，因为当时聪明的中国人发明了极具智慧的提花机，且能够利用这种织机及其特定的操作系统，批量生产绚烂如云霞的五色云锦，激发并满足外部世界对中国生产的华美丝绸的渴望。 四川成都老官山汉墓出土织机是中国目前发现的唯一具有明确纪年的完整汉代织机模型，也是世界上最早的提花织机。从图中可见，其织机结构复杂，运用各种原理来实现提花技术，充分展现出古人的智慧。 所谓的提花技术，也就是一种经线开口的技术。普通的平纹组织虽然也需要开口，但这种开口在整个织造过程只有两种规律的梭口，而遇到复杂的、有图案的丝织品，这种开口也很复杂，很难操作，也极难记忆，必须用各种安装在织机上的提花装置将这种复杂的开口信息贮存起来，以使得这种开口信息得到循环使用。这就好像是今天的计算机，它有一套程序，编好这套程序之后，所有的运作都可以重复进行，不必每次重新开始。因此，这种技术是当时最难的技术。所谓神机妙算，如果"机"是指织机，那么"算"就是指提花程序。

🖋 **学习任务**

请读一读这些诗句，圈出其中的丝织物。

红袖织绫夸柿蒂，青旗沽酒趁梨花。

——（唐）白居易《杭州春望》

银烛秋光冷画屏，轻罗小扇扑流萤。

——（唐）杜牧《秋夕》

霜绡虽似当时态，争奈娇波不顾人。

——（唐）李隆基《题梅妃画真》

🖋 **丝博士告诉你**

诗句中的绫、罗、绡是不同种类的丝织物，原材料都是桑蚕丝。它的品种极为丰富，常见的丝织物有纱、罗、绢、纺、绡、绉、锦、缎、绨、葛、呢、绒、绸、绫等 14 大类。为什么丝织品有这么多不同的品类呢？其实就是因为它的织法不一样。织法不同，就形成了不同的丝绸品种。

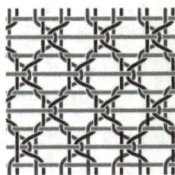

罗

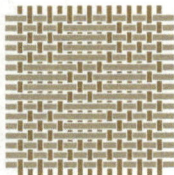

绮

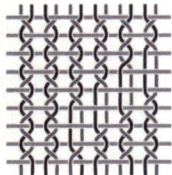

纱

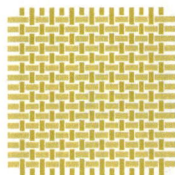

绢

缎

绫

　　大家都听说过"组织"这个词吧？比如，班级就是一个组织群体，还有团组织、党组织。其实"组织"这个字的最初由来是和纺织有关的。我们知道，在一台织布机上有经线和纬线，其实"组织"最原始的含义就是"经线和纬线交织的规律"。接下来，就让我们一起去感受织布机中的"迷宫规律"吧！

拓广探索

　　在大自然中，所有的颜色其实都有最基本的单元，就是红、黄、蓝三原色，通过不同的组合和配比，可以形成我们肉眼可见的各种各样的颜色。织物组织也有三原组织，那就是平纹、斜纹和缎纹。我们聪明的祖先将这三原组织进行不同的排列组合，就可以形成不同品种的丝绸。请仔细浏览三种组织的含义和类型，并根据示例的结构图来画出斜纹组织和缎纹组织的结构示意图。

组织类型	组织示意图	结构示意图
平纹组织：由经纱和纬纱一上一下交织而成的组织，是织物中最简单的组织。竖着的为经纱，横着的为纬纱。	平纹	示例： （将经纱在上的位置用×来表示，纬纱在上的位置用空格来表示，可以得到平纹组织结构图。）

续表

组织类型	组织示意图	结构示意图
斜纹组织：在织物表面呈现明显的斜向纹路，包括右斜纹和左斜纹，又可以分为经面斜纹和纬面斜纹。经组织点大于纬组织点的叫"经面斜纹"；反之，叫"纬面斜纹"。	 斜纹	
缎纹组织：缎纹组织是三原组织中最复杂的组织。其特点是：相邻两根纱线的单独组织均匀分布但不连续，分为经面缎纹和纬面缎纹。经组织点大于纬组织点的叫"经面缎纹"；反之，叫"纬面缎纹"。	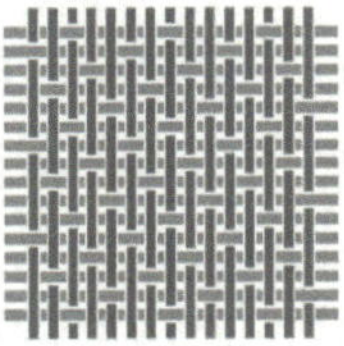 经面缎纹	
	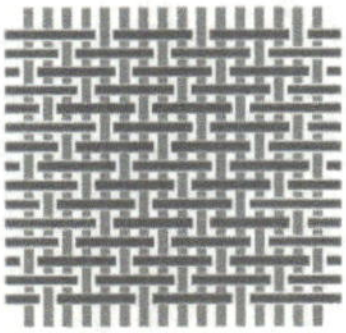 纬面缎纹	

🪶 **丝博士告诉你**

答案示例：

斜纹组织	经面缎纹	纬面缎纹

🍃**学习任务**

请阅读下方各图片对应的绫、罗、绸、缎的介绍，并结合织物三原组织的知识，将左边的丝织品及其结构图与右边的名称连一连。

绫是以斜纹组织为基本特征的丝织品，盛行于唐代。绫是生织物，即先由生丝织造再精练染色，表面具有明显的斜纹线路，质地轻薄，也有中型偏薄的。

罗是采用绞经组织使经线形成明显绞转，纬线平行交织，形成一系列纱孔的丝织物。罗在商代已经出现，在唐代，浙江的越罗和四川的单丝罗均十分著名。其中，单丝罗表面具有均匀分布的孔眼，质地非常轻薄。

绸是抽茧绪加捻成线织出的平纹织物。清代的绸有江绸、宁绸、春绸、绉绸等，指平纹地或斜纹地上显花的暗花织物。民国时期，大量的平纹素织物也称为"绸"。今天，"绸"已成为丝织品的通称。

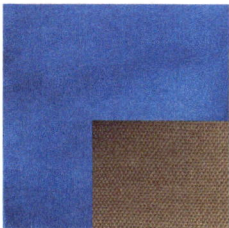

缎是采用缎纹组织，经纬丝中只有一种显现于织物表面且外观光亮平滑的丝织品。缎织物最早见于宋元时期，明清时期成为丝织品中的主流产品。采用缎纹组织比采用斜纹组织得到的纬浮更长，缎的色彩更为丰富，纹样更为清晰。

丝博士告诉你

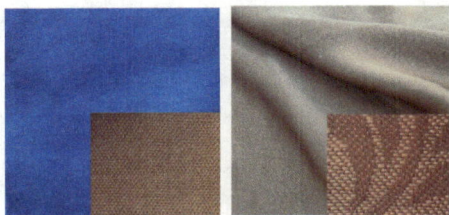

绫   罗

绸   缎

成长日记

  亲爱的同学，通过今天的课程，你是否对古代的织造机器有了初步的了解呢？其实，汉族和少数民族的一些地方现今仍然传承与发展着具有特色的织造机器与编织工艺。请查阅相关资料，将你所了解到的 1—2 个特色织机及其织品工艺通过图片、文字、绘画等形式记录在成长日记里，这将成为你独一无二的财富。

_____

_____

_____

_____

_____

项目学习小档案

在这一节中，你学到了哪些知识呢？快用思维导图梳理一下吧！

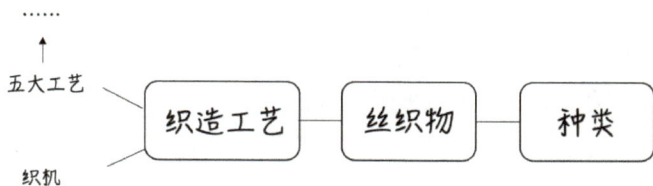

```
            ……
             ↑
          五大工艺 ┐
                  ├─ 织造工艺 → 丝织物 → 种类
          织机 ───┘
```

在这一节中，你做成了哪些有意义的事呢？

活动类型	你所完成的事
小组活动	
个人学习	

第三节　锦上添花（4课时）

情境引入

　　丝绸以卓越的品质、精美的花色和深厚的内涵而闻名于世，更时常被作为国礼赠予他国贵宾。假如你是丝绸设计师，需要设计出一款丝绸手帕作为我国的国礼，你能够以几种方式为这块丝绸"锦上添花"呢？现在，就让我们共同学习染色、印金、唐代三缬、刺绣等四大工艺吧！相信你学习了之后能够收获许多知识与灵感，成为优秀的丝绸设计师，能设计出新颖独特的作品！

核心问题

　　1. 染色的原料具体有哪些类别，分别有哪些代表性原料？

　　2. 印金的原理是什么，宋、元印金有何差异？

　　3. 防染印花的原理是什么，唐代三缬分别是何原理，有何特征？

　　4. 中国四大名绣是哪四种，各自有何特征？刺绣基本针法包括哪些？

核心目标

　　1. 认识植物染料、动物染料和矿物颜料，区分三个类别的不同，并说出以上三大类别染料中的 3—4 种代表性染料。

　　2. 了解染色的基本过程，小组合作体验简单的草木染。

　　3. 简单表述印金的原理；分辨宋、元印金的特点；运用排列组合知识设计简单的印金图案。

4. 理解防染印花的原理，分别说出唐代三缬的 3 个种类和对应的制作原理。

5. 说出四大名绣的种类和艺术特征，并说出 2 种刺绣基本针法。

⏱ 课时1 染色工艺

🔖 问题导入

古诗中的许多色彩一直沿用至今。中国人自古讲究天人合一，为色彩命名也是"取万物之本"。例如，"绿杨烟外晓寒轻，红杏枝头春意闹"中的"杏花红"，再有"戒得长天秋月明，心如世上青莲色"中的"青莲色"。

下面，就让我们一起走进色彩的世界，学习颜色形成的原理，以及不同染料的制作技艺和染色方法吧。

🔖 知识卡片

颜色，其实是我们通过眼、脑和一定的生活场景产生的对光的"视觉效应"。三原色指的是，我们可以看到的所有色彩中不能再分解的三种基本颜色。

我们通常说的三原色，是色光三原色，分别指的是红、绿、蓝三原色光，英语为 RGB color model。三原色以一定比例叠加后，就会神奇地产生新的颜色。

它的原理是，人的眼睛是根据所看见的光的频率来识别颜色的。可见，光谱中的大部分颜色可以由红、绿、蓝三种基本色光按不同的比例混合而成。这三种光以相同的比例混合，且达到一定的强度，就呈现白色（白光）；若三种光的强度均为零，就是黑色（黑暗）。

加法三原色（色光三原色的原理）：

（红）+（绿）=（黄）

（蓝）+（绿）=（青）

（红）+（蓝）=（亮紫）

（绿）+（蓝）+（红）=（白）

集思广益

设计一款丝绸手帕时，需要考虑的第一要素就是手帕的主色调。那么，你知道丝织品上的颜色都是如何留在织布上的吗？没错，就是染上去的。

请观察下方的"'染'字组成示意图"，你可以从中发现"染"的原理吗？快和你的小伙伴一起讨论一下吧！

染 → 水　九　木 → 木木木

"染"字组成示意图

丝博士告诉你

汉字中的"染"由"水""九""木"三字组成，其中"水"字是指"染色一般在水中进行"，"木"字是指"原料多为草木"，"九"字是"多"的意思。也就是说，"染"便是以草木为染料，且在水中进行的。《唐六典》说的正是："凡染大抵以草木而成，有以花叶、有以茎实、有以根皮。"因此，草木染料（植物染料）是我国古代染料的重要组成部分。当然，动物染料和矿物颜料也是重要的染料。

学习任务

欢迎来到"原料也疯狂"活动！想要将你的手帕绘制得五彩缤纷，就需要运用各式各样的染色原料。有的原料只能染出一种颜色，而有的原料却可以染出各种不同的颜色。请根据"知识卡片"中的内容，完成表格。要为一种颜色选取尽可能多的原料，看看能否把下面这张表填满吧！

原料也疯狂		
颜色	原料名称	所属类别
红色	例：朱砂	例：矿物染料
黑色		
黄色		
绿色／青色		
蓝色		
白色		

知识卡片

植物染料

◎ **蓝草**

各类蓝草中的靛质可以染出比蓝更深的青色，成语"青出于蓝而胜于蓝"即源出于此。至今，制蓝的工艺已经发展得很成熟。实际上，用蓝草染色，可以染得浅碧、蓝、青、黑等各种色彩，涵盖了蓝色由浅到深的变化。同时，靛蓝颜色持久度长，因而深受大家的喜爱。

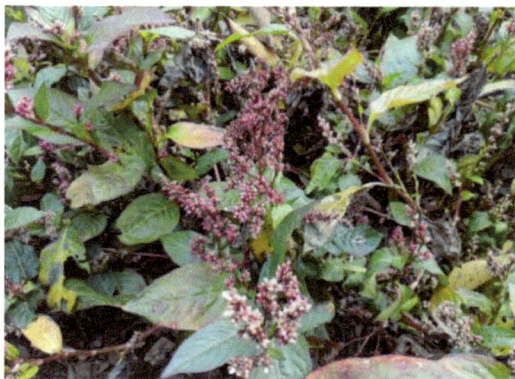

蓼蓝

马蓝

◎ **红花**

红花染色艳丽，是非常重要的红色染料。红花，又名"红蓝草"，原产于西域。西汉张骞出使西域时，带回了红花的种子在中原种植，由此也将红花染色技术带回了中国。请观察红花的标本或图片，猜猜红花里除了能提取红色，还能提取一种什么颜色。答案就是黄色。红花实际上有两种色素，分别是红色素和黄色素。

167

　　蓝草和红花是植物染料中最为普遍使用的原料。正是因为蓝草和红花在染色原料中的重要地位，蓝色和红色已经成为丝绸的经典代表色。

红花

◎ **茜草**

　　根据考证，茜（qiàn）草是最早的红色染料之一，主要种类包括印度茜草、西茜草和东南茜草。茜草可染出砖红色，如果在酸性条件下染色，为了提高色牢度，一般会混入其他媒染剂。

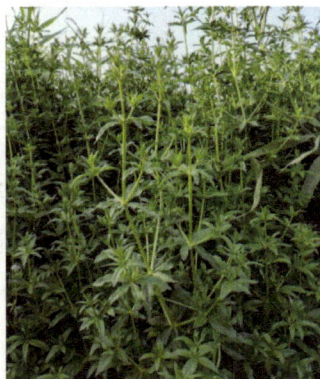

西茜草

◎ **橡椀子**

橡椀子是麻栎（lì）树果实的壳斗（qiào dǒu，意思是碗状器官，通常包着果实），可以染制出带有黄调的黑色。明清时期，人们多用它染制灰色、墨色，也会将其与其他染料结合，得到各种程度的深色。

◎ **槐米**

槐米

槐米即为未开的槐花，外表黄中带褐，或黄中带绿。槐米为媒染性染料，多与各种媒染剂配合染色。槐米炒制后，色彩饱和度更加高，色牢度更好。

矿物颜料

◎ 朱砂

朱砂

　　朱砂是一种矿物。用朱砂加工染色又称"朱染"。先把朱砂研磨成十分细腻的朱砂粉末，再将它与特定天然黏合剂混合，调制成色浆，便可进行染色了。染液浸润后取出，待黏合剂干燥、凝固后，就可以把朱砂粉末均匀地、牢牢地粘在衣物上，威严鲜明的朱红色便成功上色了。

◎ 绢云母

绢云母

　　绢云母属于天然细粒的白云母，可以被制成极薄的片状，研磨后可以染白。

◎ **石黄**

雄黄

　　石黄又分为雌黄和雄黄，在西周时已经开始被用作染色原料。石黄染出的黄色中带有红光，显得华丽、庄重，这也可以从石黄的样本图片中推测出来。

◎ **空青**

空青

　　空青属于铜类颜料，呈透亮的青绿色。一般来说，青绿色的颜料大多含有铜离子。中国采铜开始较早，历史悠久，因而发现了多种铜类颜料，包括空青、石绿和石青等。

◎ 石墨

石墨

早期，用于染黑的矿物原料主要指墨。墨逐渐由烧漆烟和松煤制作而成，后又混入各种胶质或药料，能够使得墨色、墨光更为通透。

动物染料

◎ 骨螺

动物染料中最为有名的便是骨螺。骨螺是软体动物中的腹足类，它的贝壳呈椭圆形或长椭圆形，外壳坚硬。因为骨螺可用作染色的部分极少，所以十分贵重、珍稀。它所染出的紫即为"骨螺紫"，又有"帝王紫"之名，是古代权力与地位的象征。

骨螺

◎ 胭脂虫

胭脂虫干

　　胭脂虫是生长在仙人掌科植物上的一种雌虫。在蒸杀、干燥之后，它就成了一种红色染料。胭脂虫原产于墨西哥、秘鲁、智利等地，后由占领南美洲的西班牙人大规模培养，用于贸易。

◎ 紫胶虫

　　紫胶虫是重要的染料之一，呈酸性。在酸性溶液中，紫胶染料的颜色会由橙红变为红色；在碱性溶液中，它会从微红变为紫色，但又迅速分解，十分不稳定。

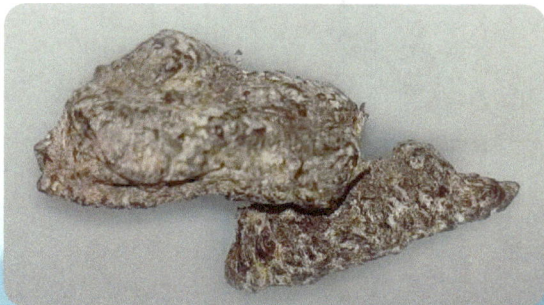

紫胶虫

集思广益

为什么红色（朱、赤）在古代受到人们的喜爱呢？和小伙伴们一起想一想。

丝博士告诉你

古人尚朱，因为红色象征着生命与力量，给人愉悦、庄严、激昂的感情色彩；同时，红色是古代五色（青、黄、赤、白、黑）制度中的正色之一。古代上层阶级爱穿红色衣物，红色也就成了社会地位的象征。

动手实践

欢迎来到"红花草木染"小组合作活动！下方的实验记录表可以帮助你们准确地按照步骤顺利染色。对 pH 值相关知识有疑问的同学，可以参考最后的"知识卡片"。

步骤	示意图	注意事项	遇到的问题	解决方法
1. 称取 50 克市售干红花		无		
2. 用pH值为6—7 的清水浸泡过夜		实验分为两天，红花必须浸润过夜		

步骤	示意图	注意事项	遇到的问题	解决方法
3.反复揉搓,去除红花中的黄色素		请戴手套		
4.将洗净黄色素的红花浸泡在 pH 值为 8—9 的 500 毫升碳酸钾溶液中		量筒量取液体药品的体积时,把量筒放在水平台上,观看时眼睛与液面最低处相平		
5.反复揉搓后,过滤出红色溶液		无		
6.用柠檬酸配置 pH 值为 5 的酸性溶液		一边加入柠檬酸,一边测定 pH 值,直至到达到要求为止		
7.将 15 厘米 × 15 厘米的素绉缎(其他丝绸面料亦可)以清水浸润后投入红花染液,浸染 30 分钟		无		
8.取出染色后的素绉缎阴干,染液再次用柠檬酸溶液,将 pH 值调节为 5		染液需要再次调节 pH 值		

续表

步骤	示意图	注意事项	遇到的问题	解决方法
9. 重复第7步和第8步3次	无	无		
10. 阴干后面料呈水红色		无		

🖋 **知识卡片**

酸碱度： 水溶液的酸碱性强弱程度就是我们常说的 pH 值。一般情况下，pH 值 =7 的水溶液呈中性，pH 值 < 7 者显酸性，pH 值 > 7 者显碱性。我们通常用 pH 试纸反应的不同颜色来判断溶液的不同酸碱度。

pH 值试纸色度差别示意图

以下是常见溶液的酸碱度值：

1，胃酸；3，柠檬、橘子、白醋；6，牛奶、西瓜；7，水；7—9，肥皂水。

🖋 **成长日记**

在学习了丝绸设计的第一部分——"染色"之后，你是否发现上色这一环节是需要我们极富耐心与毅力的？是否体会到了精美工艺的背后其实是不为人知的千锤百炼？你有什么收获呢？请写在下面的横线上，作为自己的成长日记。

课时2　印金工艺

问题导入

在我们共同学习了染色工艺之后，让我们来看看为丝绸"锦上添花"的另一种工艺——印金工艺，看看它能为我们设计丝绸手帕提供哪些思路。

印金工艺，就是利用金银粉末、金箔、银箔等金属，印制出特有的金银闪调的工艺技术。简而言之，印金就是用类似"印花""印章"的工艺将金箔或金粉黏着在丝织品表面的工艺。

印金的方式就是，我们先刻出一个特定图案的凸版，如花朵凸版等；随后，在凸版上涂上一种胶水，将它按照预先的设计，印在丝织物上；随后，撒上研制得很细腻的金粉；最后，被胶水粘住的部分就保留在了丝织物上，其余没有被胶水粘住的部分就将被抖落。这也是元朝的主流印金方法——"销金"。

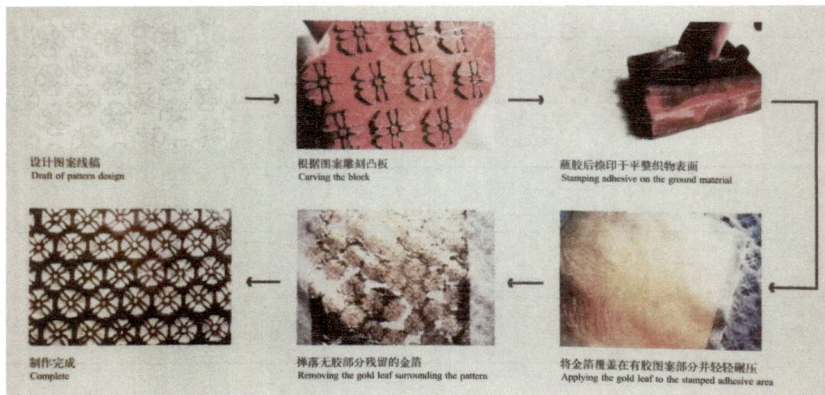

元朝主流印金方法示意图

🖋️ **学习任务**

数学广角

我们可以运用排列组合的知识来设计印金图案。

如果有以下三个图案，你可以设计出几种不同的图案组合呢？

印金图案示意图

解题思路：左边的五角星有三种可能，中间的小太阳有两种可能，右边的仓鼠只有一种可能。因此 $3 \times 2 \times 1 = 6$。

🖋️ **动手实践**

请设计三个凸版的图案作为印金图案，画在设计单中，用来装饰织物边缘。老师将发给你两张印金设计单，请先设计一张。请使用三个图案，每个格子可以有图案，也可以为空白。现在，让我们共同设计独一无二的印金图案吧！

印金设计单

小组名称：	印金所用场合：
	印金图案的灵感：
小组成员：	印金设计的内涵：

印金花边：

179

集思广益

请仔细观察中国丝绸博物馆所藏的宋元两朝的代表性印金织物，说说两者有什么异同之处，补充表格中的"相同点"与"不同点"两栏，并猜想一下不同的原因是什么。

南宋

紫褐色罗印金彩绘花边单衣，中国丝绸博物馆藏

元朝

绿色花卉纹绫印金方搭子半臂（左：正面，右：背面），中国丝绸博物馆藏

黄地花卉纹绫印金卧兽纹对襟上衣，中国丝绸博物馆藏

宋元印金对比		
	宋朝	元朝
相同点		
不同点		
原因		

🌿 丝博士告诉你

相同点： 都采用了印金技术，表达了对金的狂热与追求。

不同点： 宋朝的印金范围较小，低调奢华，宋人的衣服更加小家碧玉；元朝的印金范围较大，是一种暴发户式印金，元人的印金服饰更加粗犷、大气。

原因： 有人认为，宋、元两朝经济发展状况不一致，元朝商品经济和海外贸易发达，经济更加繁荣；有人认为，元朝是少数民族建立的大一统王朝，因而与南宋社会上层的审美情趣不同，元朝更加追求粗犷、大气的服饰张力；也有人认为，元朝在文化方面更接近世俗化。

🌿 知识卡片

◎ 宋朝印金的历史渊源

织物的印金工艺在宋朝发展繁盛。虽然印金工艺本身具有奢华的内涵，但是宋朝人民做到了将印金技术迎合自身清淡素雅、戒奢从简的独特审美情趣。

那为何印金技术盛于宋朝呢？这是因为到北宋中期，宋仁宗将国门打开，与辽金、西夏、西域及东南亚蕃国等进行丝绸贸易，丝绸还成了当时的国礼。因此，丝绸织物难免需要更加得体大方。更为重要的是，宋朝朝廷努力适应当时少数民族在衣饰上金银镶边的风俗。因此，印金技艺得到了扶持与发展。

◎ 南宋时尚单衣

这是一件距今 800 年的南宋单衣，出土于宋太祖赵匡胤的第十一世孙赵与骏之妻黄昇（shēng）墓中。

此衣通体呈大地色系，非常轻薄通透、清淡素雅。它唯一的装饰就是衣襟处的"印金彩绘花边"，整件衣服流露出一种低调的高贵。

印金彩绘花边放大图

印金花边具有较大的灵活性，可以有很多花样，可以单独缝纫。除了前述单衣上的印金彩绘花边，黄昇墓还出土了12条未曾使用的花边，图案多样。因此，可以推测在当时已经有专门的店铺在销售这种印金花边，购买者直接将花边缝缀到衣服上即可。

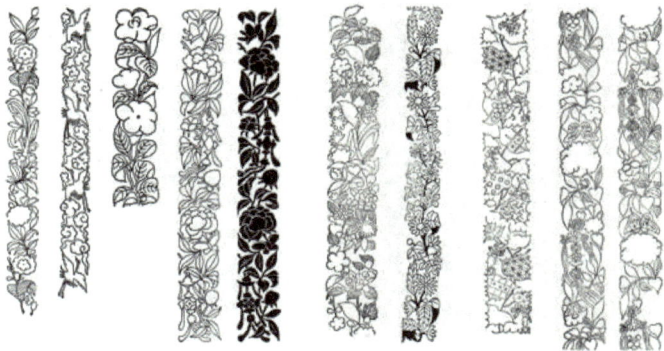

花边纹样示例图

◎ 印金小方搭子纹

绿色花卉纹绫印金方搭子半臂背面的小方搭子纹，中国丝绸博物馆藏

印金工艺在元朝有了较大的发展。元人将印金运用在整件衣服上。上文提到元朝最为重要的印金工艺是销金。这种方法需要考虑凸版的雕刻难度以及图案之间的间隔，因此使用比较受限，最后呈现出来的印金图案多为稀疏的小型搭子纹，连续大型纹样较为少见。

◎ 印金胸背

绿色花卉纹绫印金方搭子半臂上的印金胸背，中国丝绸博物馆藏

胸背图案复原图，中国丝绸博物馆复原

此印金胸背是"绿色花卉纹绫印金方搭子半臂后背"的方形图案。

明朝融合了"汉地用鸟、兽代表官员等级"的传统和"蒙古地区用方形图案装饰胸背"的审美，创造了代表官员等级的"胸背"，即后来的"补子"（将在第四单元进一步讲解），具有"阶级"与"审美"的双重意义。

◎ **印金的没落**

印金工艺盛于宋朝和元朝，此后逐渐没落。究其原因，印金作为服饰的一种装饰，需要人们非常谨慎地进行维护——它不耐摩擦，经不起洗涤，牢固度不高。因此，到了明朝，印金工艺便开始逐渐减少。

集思广益

在学习了清淡素雅的南宋印金花边、狂野奔放的元朝满衣印金之后，你是否对印金有了新的认识与想法呢？现在，请拿出老师所发的第二张印金设计单，在第一张印金设计单的基础上进行改进与完善，看看自己是否对印金有新的想法。和你的小伙伴们一起讨论、分享吧！

印金设计单

小组名称：

小组成员：

印金所用场合：

印金图案的灵感：

印金设计的内涵：

印金花边：

课时 3 三缬工艺

问题导入

"缬"（xié）字出现于唐朝，是一种防染印花的方法。唐朝玄应的《一切经音义》中记载："缬，谓以丝缚缯染之，解丝成文曰缬也。"唐代三缬指的是绞缬、蜡缬、夹缬三种。就"缬"字本义来看，它仅仅指"绞缬"本身，即今日所称的"扎染"。

拓广探索

请看着下面这张图，思考："防染印花"究竟是什么意思呢？

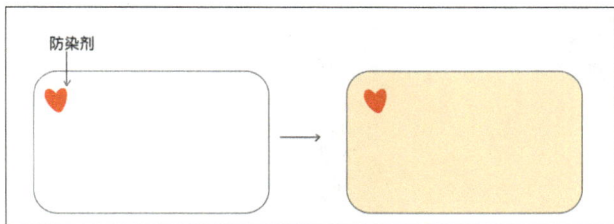

防染印花示意图

丝博士告诉你

防染印花可以拆分为防染和印花两部分来理解。

（1）用"防染"物在面料染色（或尚未显色，或染色后尚未固色）前进行印花。

（2）印花以后，再对面料进行染色（或进行显色、固色）。

📖 **知识卡片**

◎ **绞缬（扎染）**

绞缬的关键技术是"扎"的技术。

扎染的基本方法：按照预先设计好的纹样要求，用线扎结或缝钉织物；经水湿后放入染缸中浸染，其间被扎结或缝钉部分不受染；待晾干后，拆去线结，预定花纹就能顺利显出。

由于扎结处或缝钉处一定程度上受染液渗润，将形成一种自然的晕色效果，变化多样，趣味无穷。

绞缬绢衣，中国丝绸博物馆藏

扎染工艺历经上百年的发展，已经成为第一批国家级非物质文化遗产。云南省大理市是我国扎染艺术最发达、扎染织物生产规模最大的地区之一，被称为"扎染之乡"。

扎染工艺微观实物图

◎ **蜡缬（蜡染）**

蜡缬的关键技术是"施蜡"。

蜡缬的基本流程：先以蜂蜡按照特定轨迹施于织物之上，然后投入染液染色，染色后将蜡除去。

在浸染的过程中，作为防染剂的蜡会自然龟裂，丝绸表面会呈现出特殊的"冰纹"，留下难以复制、独一无二的天然花纹，像冰花，像龟纹。

蓝地蜡缬绢

"蝶恋花" 蜡染壁挂，中国丝绸博物馆藏

◎ **夹缬**

你能找到图中的中轴线吗？

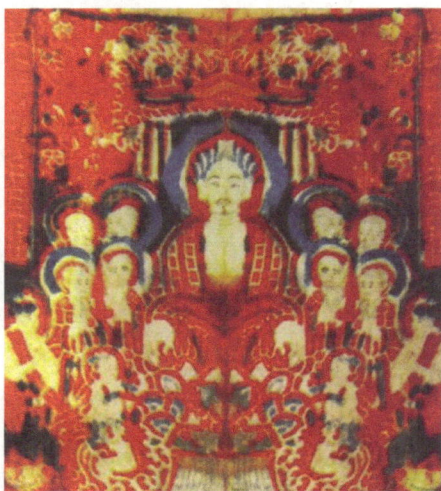

南无释迦牟尼佛夹缬绢，山西应县木塔文物保管所藏

我们可以发现，若以中轴线为主线，两边图像经对折后可以

重合。此类对称模式即为轴对称，或镜像对称。这种有镜像对称之美的防染印花方式即夹缬，是三缬之中最为重要的一种。

据《唐语林》记载，夹缬的发明者是唐玄宗嫔妃柳婕妤之妹。据《唐语林》记载，她"性巧慧，因使工镂板为杂花，象之而为夹缬"。

夹缬的基本流程： 用两块雕刻成图案对称的花版夹持织物进行防染印花。夹持好夹缬版后，在夹缬版的镂空区域内染色，夹缬版所挡住的区域则没有进行染色。可以在夹缬版上雕出不同的染色区域，使得多彩染色可以一次进行。

学习任务

对称之美是丝织品中难以绕开的审美情趣。你可以找出下列图案的中轴线吗？

新疆营盘人兽树纹罽袍图案，中国丝绸博物馆藏	17世纪末期绿地花卉织锦礼裙，中国丝绸博物馆藏

知识卡片

以上所涉及的对称皆为镜像对称。实际上，与此类似的还有两个概念，分别为中心对称和旋转对称。

191

◎ **中心对称**

一个图形绕着某一点旋转180°后，如果能够与另一个图形重合，这两个图形就是关于这个点形成中心对称。你可以找到图中的中心对称点吗？

中心对称图案

◎ **旋转对称**

把一个图形绕着某一点旋转α（0°<α<360°）弧度后，能够与另一个图形重合，这种图形叫作"旋转对称图形"，这个点叫作"旋转对称中心"。其实，中心对称是一种特殊的旋转对称。

旋转对称图案

🖋 **学习任务**

完成下面的学习单，正确画出沙漏对称或旋转的角度。

原图	镜像对称	中心对称	旋转对称

我们已经学习了有关三缬的知识，请完成以下学习单。

唐代三缬异同之处		
名称	相同点	不同点
绞缬		
蜡缬		
夹缬		

唐代三缬特征·连线题		
类别	重要材料	艺术特征
绞缬	扎、缝钉	晕色效果
蜡缬	雕版	无一相同的冰纹
夹缬	蜂蜡	对称之美

丝博士告诉你

绞缬 —— 扎、缝钉 ———— 晕色效果

蜡缬　　　雕版　　　无一相同的冰纹

夹缬　　　蜂蜡　　　对称之美

动手实践

欢迎来到扎染任务环节！

扎染不仅仅是一种工艺，其中也蕴含着数学的魅力——设想扎染后的图案是一个将空间物体想象成平面图形的过程，可以充分锻炼你观察物体的能力和空间思维的能力。

因此，我们将迎来关于扎结与扎染图案的任务——在观看扎结制作的几种基本方法后，根据扎结的折叠方法，依靠自己的想象力和推理，推测运用不同折叠方法所染出的样式。

请观看扎染的教学视频，尤其关注其中的三种风琴褶（zhě）折叠法。相信视频的最后阶段，即图中展示的染液浸润后、拆扎结时的"高光时刻"，可以让你迅速领略到扎染的精髓所在。请完成下列"扎染样式配对"的小任务哦。

扎染样式配对	
折叠法	扎染样式
	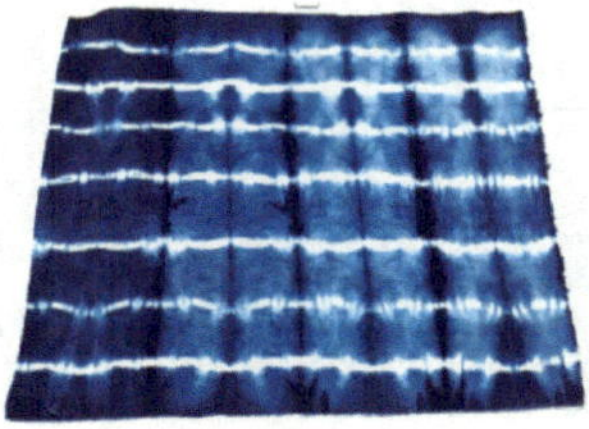
第一种折叠方法：模仿折纸扇的技法，如图进行谷峰折叠，得到横向风琴褶，并分段捆扎。	
第二种折叠方法： （1）参考第一块面料折叠方式进行谷峰折叠，得到横向风琴褶。 （2）在此基础上，将面料如图进行斜向45°环形折叠。 （3）一边折叠一边用夹子固定，然后进行分段固定。	

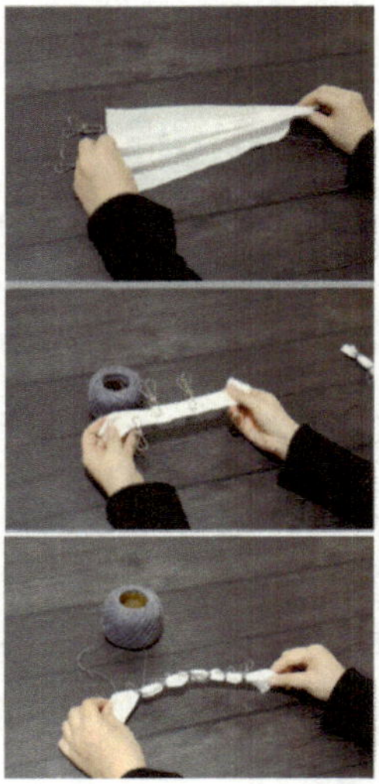

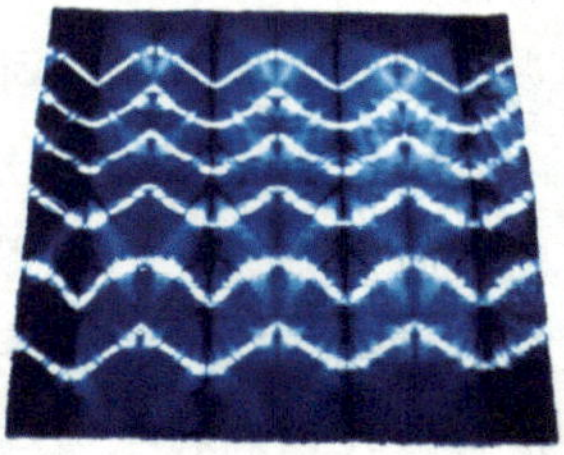

续表

扎染样式配对	
折叠法	扎染样式
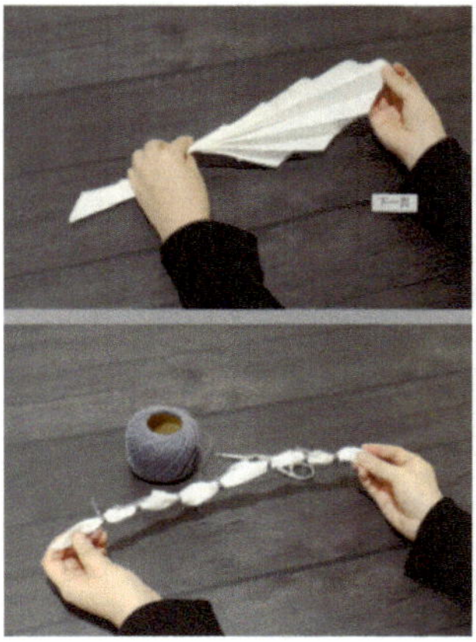	

第三种折叠方法：沿着对角线进行谷峰折叠，得到斜向的风琴褶，并分段捆扎。

🖋️ **成长日记**

　　亲爱的同学，学了三缬之后，你可以说说你最喜欢哪一种缬吗？请在下列横线上先描述它的特点，再说说你喜欢它的理由。

类别：＿＿＿＿＿＿＿＿＿＿＿＿＿＿＿＿＿＿＿＿＿＿＿

特点：＿＿＿＿＿＿＿＿＿＿＿＿＿＿＿＿＿＿＿＿＿＿＿

理由：＿＿＿＿＿＿＿＿＿＿＿＿＿＿＿＿＿＿＿＿＿＿＿

课时 4　刺绣工艺

问题导入

中国刺绣的渊源可以追溯到夏商时期。考古发现，春秋战国的服饰已经经常使用刺绣；到了秦汉时期，刺绣技艺已经炉火纯青，并走向大众，大量出现在百姓的日常服饰中；唐宋以后，刺绣趋向精致化，观赏性刺绣开始发展起来；明清又在宋绣的基础上，诞生了众多各具风味的刺绣流派。

随着时代的发展，中国的不同地区逐渐形成了不同的刺绣工艺和风格，其中以苏绣、粤绣、蜀绣、湘绣为代表，它们也被称为"中国四大名绣"。下面，就让我们来好好认识一下这些神奇精妙的刺绣工艺吧！

学习任务

如果你是一个刺绣代言人，请在我国四大名绣中，选择一个绣种及其代表作，并用通俗易懂的语言介绍它。期待你的精彩表现！

刺绣代言书	
选取绣种	
选取代表性作品	
选取理由	
作品介绍（不超过 100 字）	

📖 **知识卡片**

◎ **四大名绣种类**

中国的刺绣是"丝绸之路"运输的重要商品之一。中国四大名绣则是中国刺绣的突出代表。你知道它们的产地吗？

苏绣（东部江苏省），粤绣（南部广东省），蜀绣（西部四川省），湘绣（中部湖南省）。

◎ **四大名绣的代表作品与特征**

（一）苏绣

苏绣《丽人行》，苏州刺绣研究所藏

苏绣是苏州地区的代表性刺绣，发源于三国时期的苏州吴县一带，至明清两代走向成熟。吴县濒临太湖，气候温和，是重要的丝绸生产地之一，如此有利的地理条件催生了苏绣的诞生与发展。

经过长期的发展，苏绣在艺术上形成了图案秀丽、构图简洁、针法多变、绣工精细的艺术风格，被誉为"东方明珠"。苏绣的作品，可谓是山水可分远近、楼阁尽呈深邃、人物能有瞻眺生动之情，作品情景的逼真程度是人们有目共睹的。

（二）粤绣

粤绣是广绣和潮绣的总称，以广东省广州市和潮州市为生产中心，至今已有 1000 多年的历史。

粤绣的特色是构图巧妙、色彩浓艳、绣线光亮、纹路整齐、光影和谐。与苏绣的素雅完全不同，粤绣充满了色彩的碰撞和强烈对比，无数鲜艳的色彩在粤绣上和谐共生，达到艳而不俗的效果。其代表作《梅凤》所展现出的绚烂便充满了这样的艺术效果。同时，粤绣在绣法上运用金银垫绣，使得整幅图更具有富贵华丽的艺术氛围。明清时期，广东沿海贸易便利，粤绣远销海外，当地还设有专做"外销品"的丝绸作坊。

粤绣《梅凤》，中国丝绸博物馆藏

粤绣以上艺术风格的形成，一方面，与广东地区人民开朗的性格、奔放的审美有关；另一方面，也因为广东是对外贸易的重要窗口，一定程度上受到了西方艺术特色的影响与熏陶。

（三）蜀绣

蜀绣是以成都为中心的四川地区代表性刺绣，亦称"川绣"。在长期的发展过程中，形成了以下艺术特点：平顺光亮、施针严谨、色彩柔和、虚实得体。与粤绣相比，蜀绣色彩饱和度更低，较为温和，因此虽然色彩多样，但色彩之间的冲击感和碰撞感并不强；同时，它的近景为花草与鱼，远景为水，其中还有上方的倒影，因而有着远近结合的空间感、张弛感，虚虚实实，让人思绪万千。

蜀绣《牡丹鲤鱼双面异色》，中国丝绸博物馆藏

蜀绣作品选材丰富，有花草树木、飞禽走兽、山水鱼虫、人物肖像等，尤其喜爱百姓之中流行的带吉祥寓意的内容。

（四）湘绣

湘绣主要产于湖南长沙，它以画狮和虎最为出名。湘绣的构图一般很简洁，以一个主要形象为重点，质感非常生动逼真。湘绣的主要艺术特点是淳朴平实，注重写实，风格奔放。不仅如此，湘绣还学习了许多中国画的艺术风格，巧妙地将我国传统的画、诗、字等各类艺术形式融为一体。同时，湘绣针法多变，针法种类繁多，充分发挥了针

湘绣人物像《李玉和》，湖南湘绣博物馆藏

法的表现力。

因此，湘绣曾有"绣花能生香，绣鸟能听声，绣虎能奔跑，绣人能传神"的美誉。

拓广探索

顾绣起源于明嘉靖年间。当时，上海名士顾名世的家宅刺绣一家独大，独具特色。早期，顾绣只是闺阁绣（意思是大家闺秀为了日常消遣和欣赏情趣进行刺绣，没有赢利目的）。请完成以下阅读任务单。

阅读任务单

材料一：

其擘丝细过于发，而针如毫，配色则亦有秘传，故能点染成文，不特翎毛花卉，巧夺天工，而山水人物无不逼肖活现。

——徐蔚南《顾绣考》

材料二：

清代以后，顾绣成为江南丝绣的代称，专造各种刺绣品的工业商行被称作"顾绣行"，而非专指顾家女眷所绣之品了。但顾绣对各地的名绣影响很大，如苏绣是苏州地区的代表性刺绣，特点是图案秀丽，针法灵活，绣工精致。其技巧表现为"平、光、齐、匀、和、顺、细、密"八个字，苏绣一直被认为是顾绣的继承者。再如湖南的湘绣，长沙的绣庄长期以来都以顾绣为名，一直到乾隆之后才出现湘绣自己的品牌，但它的特点是擅长以丝绒线绣花，亦常以中国画为蓝本，其中顾绣的影响明显可见。

——赵丰、徐铮《锦绣华服：古代丝绸染织术》

请回答：

1. 顾绣有什么特色？

2. 自清代以后，顾绣开始代表什么？

3. 顾绣影响了哪些绣种？

🔖 知识卡片

刺绣中最为基础的两种针法，即锁链绣和齐平绣。

◎ 锁链绣

> 锁，似环相句（勾）连也，今谓之链，昔为之锁。

——《说文解字》

锁针是最早出现的刺绣针法，因而是经典的针法之一。以上《说文解字》这段话所指的是，锁链绣的基本结构是用针将线绑成圈，然后一个个圈形成单链状。"锁"字是不是很形象生动呢？

锁链绣针法示意图

◎ 齐平绣

平针的起源是缝衣的线条纹，讲究针按照一定角度平行。平针虽看似平凡，但它的针迹可以构成花样百出的条、块、面，是十分经典、有用的针法。

齐平绣针法示意图

🔖 集思广益

在课程的最后，结合你的生活经验，以小组为单位，试比较手工刺绣与机器刺绣分别有哪些优缺点，请谈谈两者之间你更喜欢哪一个。

手工刺绣与机器刺绣的对比

小组名称：

小组成员：

类别	优点	缺点
手工刺绣		
机器刺绣		

我更喜欢手工刺绣／机器刺绣，因为：

🍃 **项目学习小档案**

在这一节中，你学到了哪些知识呢？快用思维导图梳理一下吧！

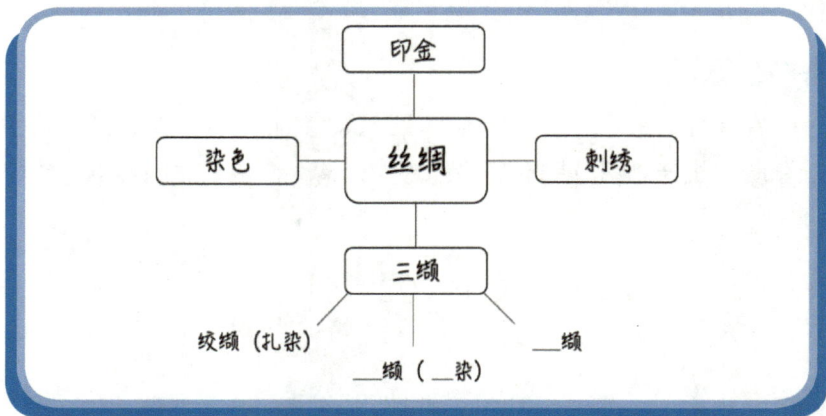

```
                    印金
                     │
    染色 ──────── 丝绸 ──────── 刺绣
                     │
                    三缬
          ┌──────────┼──────────┐
    绞缬（扎染）           ＿＿缬
              ＿缬（＿染）
```

在这一节中，你做成了哪些有意义的事呢？

活动类型	你所完成的事
小组活动	
个人学习	

你对这一节的内容还有哪些疑问？快点记录下来吧！

问题 1 :＿＿＿＿＿＿＿＿＿＿＿＿＿＿＿＿＿＿＿＿

问题 2 :＿＿＿＿＿＿＿＿＿＿＿＿＿＿＿＿＿＿＿＿

问题 3 :＿＿＿＿＿＿＿＿＿＿＿＿＿＿＿＿＿＿＿＿

国家文物局"博物馆进校园"示范项目成果

丝路奇幻之旅

（下册）

何珊云　周旸　编著

ZHEJIANG UNIVERSITY PRESS
浙江大学出版社

云想衣裳花想容

（8 课时）

单元导语

亲爱的同学，恭喜你进入丝绸服饰的世界。在这里，你不仅需要回望历史，追寻丝绸服饰诞生、发展的每一个脚印；还需要立足现实，充分发挥想象力来自主设计丝绸的纹样与服饰。你将用想象和创造打破时空的壁垒。这是一次困难重重又充满乐趣的挑战，许多疑问都需要你一一探寻解密。同时，这也是一次意义深远的挑战。画作鉴定、纹样设计、服饰创作等学习活动，不仅需要灵活的双手与精准的目光，更考验你的团队协作能力与逻辑思维能力。在挑战中成长，是每一个优秀同学的必经之路。那么，就让我们快快开始，一起领略丝绸服饰的博大精深吧！

适用年级

3—5 年级。

项目情境

你所在的城市马上就要举行一场重要的赛事。届时会有来自世界各地的观众前来观赛，还有成千上万的观众会通过网络观看这场赛事。请和小组成员一起，为赛事礼仪小姐设计一套丝绸礼服吧。看看谁的设计最能代表城市的特色！

核心问题

丝绸服饰的颜色、样式与纹样是如何发展并体现时代特征的？

🦋 问题网络图

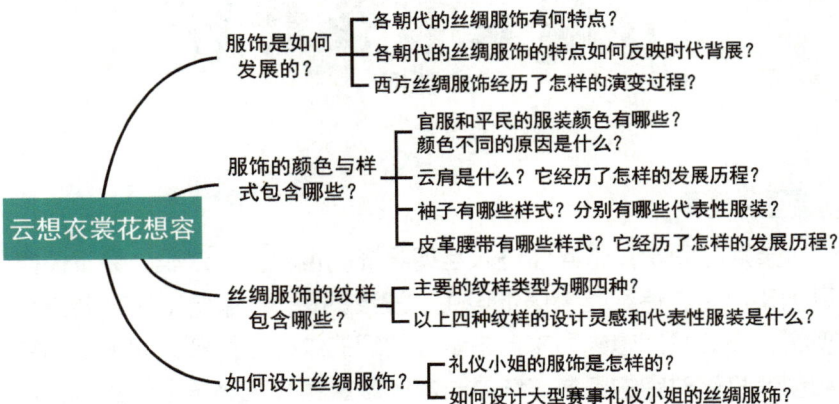

服饰是如何发展的？
- 各朝代的丝绸服饰有何特点？
- 各朝代的丝绸服饰的特点如何反映时代背景？
- 西方丝绸服饰经历了怎样的演变过程？

服饰的颜色与样式包含哪些？
- 官服和平民的服装颜色有哪些？颜色不同的原因是什么？
- 云肩是什么？它经历了怎样的发展历程？
- 袖子有哪些样式？分别有哪些代表性服装？
- 皮革腰带有哪些样式？它经历了怎样的发展历程？

云想衣裳花想容

丝绸服饰的纹样包含哪些？
- 主要的纹样类型为哪四种？
- 以上四种纹样的设计灵感和代表性服装是什么？

如何设计丝绸服饰？
- 礼仪小姐的服饰是怎样的？
- 如何设计大型赛事礼仪小姐的丝绸服饰？

🦋 项目目标

素养目标	人文底蕴、学会学习、责任担当、实践创新、健康生活
具体目标	● 探究各朝代服饰的发展及其所体现的时代特征，了解中西服饰发展和演变的不同背景，从历史唯物主义的视角出发，理解服饰发展的基本脉络。 ● 理解丝绸服饰的设计元素，包括颜色、样式与纹样等的重要性，并调动相关知识设计新的丝绸服饰，要求设计要素完整、设计理念得当。 ● 熟练运用总结表格、临摹、自主设计等学习技能来理解知识。 ● 体验自主探究、小组合作的学习过程，进行独立思考和团队协作。

相关学科标准

学科	学科标准内容
语文	（一）识字与写字 使用硬笔熟练地书写正楷字，做到规范、端正、整洁。 （二）阅读 1. 默读具有一定速度，默读一般读物每分钟不少于300字。 2. 借助词典进行阅读，理解词语在语言环境中的恰当意义，辨别词语的感情色彩。 3. 阅读说明性文章，抓住要点，了解文章的基本说明方法。 （三）习作 1. 懂得写作是为了自我表达和与人交流。 2. 尝试在习作中运用自己平时积累的语言材料，特别是有新鲜感的词句。 3. 学习修改习作中有明显错误的词句，并主动与他人交换修改，做到语句通顺，行文正确，书写规范、整洁。 （四）口语交际 1. 用普通话与人交流。在交谈中认真倾听，领会要点。 2. 听人说话时把握主要内容，并简要转述。 3. 根据交流的对象和场合，稍做准备，做简单的发言。 （五）综合性学习 1. 提出学习和生活中的问题，有目的地收集资料，共同讨论。 2. 结合语文学习，观察大自然，观察社会，用书面或口头方式表达自己的观察所得。 3. 在教师指导下组织有趣味的语文活动，在活动中学习语文，学会合作。
美术	（一）"设计·应用"学习领域 1. 了解设计与工艺的知识、意义、特征与价值，以及"物以致用"的设计思想，知道设计与工艺的基本程序，学会设计创意与工艺制作的基本方法，逐步发展关注身边事物、善于发现问题和解决问题的能力。 2. 感受各种材料的特性，根据意图选择媒体材料，合理使用工具和制作方法，进行初步的设计和制作活动，体验设计、制作的过程，发展创新意识和创造能力。

续表

学科	学科标准内容
美术	3. 养成勤于观察、敏于发现、严于计划、善于借鉴、精于制作的行为习惯和耐心细致、团结合作的工作态度，增强以设计和工艺改善环境与生活的能力。 （二）"欣赏·评述"学习领域 1. 感受自然美，了解美术作品的题材、主题、形式、风流与流派，知道重要的美术家和美术作品，以及美术与生活、历史、文化的关系，初步形成审美判断能力。 2. 从多角度欣赏和认识美术作品，逐步提高视觉感受、理解与评述能力，初步掌握美术欣赏的基本方法，在文化情境中认识美术。

🦋 **课时安排**

第一节　丝绸服饰的起源与发展（2课时）

第二节　丝绸服饰的颜色与样式（2课时）

第三节　丝绸服饰的纹样与设计（2课时）

第四节　丝绸服饰设计师（2课时）

第一节　丝绸服饰的起源与发展（2课时）

情境引入

丝绸服饰作为中华民族几千年来的智慧结晶，在不同的历史时期经历了许多发展与变化。你想知道历史上都有哪些不同类型的丝绸服饰，它们有何特点吗？

核心问题

1. 各朝代服饰有何特点？
2. 不同朝代中各具特色的服饰反映了何种时代背景？
3. 名画中的服饰呈现何种特点与时代特征？

核心目标

1. 厘清丝绸服饰从秦汉之初到民国时期的发展脉络，简要说明不同历史时期丝绸服饰的特点，认识到丝绸服饰作为社会产物是不断变化发展的。

2. 鉴赏名画中的服饰，流畅表达不同历史时期丝绸服饰所蕴含的服装特色与时代特征，了解政治、经济、文化等因素对丝绸服饰发展的影响。

3. 认识西方服装的演变过程，简要说出西方17—20世纪的代表性服装及其特色。

课时 1　丝绸服饰的起源、发展

问题导入

　　丝绸一直是古代最重要的服饰材质之一，早在 5000 多年前，中国人就植桑养蚕、缫丝织绸，用织物遮蔽身体。然而，不同时代的丝绸服饰都长得一样吗？在朝代更迭和时代变化中，它们又经历了怎样的发展呢？

知识卡片

　　《易经·系辞下传》有言："黄帝、尧、舜垂衣裳而天下治，盖取诸乾坤。"中国最早的服饰形制就是依据"乾为天、坤为地"的理念创制的"上衣下裳"；战国秦汉时上下相连的深衣代替了上衣下裳，深衣由此成为当时男女的通用服式；再到之后魏晋南北朝的广袖宽衫、大唐盛世的胡装帔裙、辽金元草原游牧民族的花卉纹锦裙、宋代清秀儒雅的褙（bèi）子百褶、明代独具特色的比甲、清代的满族马褂与汉人之裳，以及辛亥革命后中西交融的近代服装……中国历代丝绸服装以其独特的风格与魅力，谱写了一篇又一篇的精彩华章。

学习任务

　　让我们一起回顾历史，观察各个朝代服饰的变化，完成以下朝代的思维导图！

　　阅读"知识卡片"，卡片中以双下画线的形式着重标出了该代表性服装的重要特色，你可以在图中圈出双下画线所标出的服装特色吗？秦汉服装的这一部分已经作为例子呈现给各位同学了，你可以标出其余时期的服装特色吗？

此外，请各个同学用短语的形式总结各代服饰的"时代特征"，并将其填写在图片中。

打破周礼，一统衣冠；强化统治，体现思想。			

秦汉　　　　　唐代　　　　　辽金元　　　　　清代

　　　魏晋　　　　　宋代　　　　　明代

各代服饰特征总结图

📎 **知识卡片**

◎ **秦汉深衣**

右衽、大襟

宽缘

褐色菱纹罗地"信期绣"丝绵袍，湖南省博物馆藏

211

服饰特色：深衣，指的是上衣与下裳连成一体的服装。穿深衣者，身体深藏不露，有雍容典雅之风。上衣用布 4 幅，代表一年四季；下裳用布 12 幅，象征一年中的 12 个月，别具韵味。如图，深衣袖根较大，袖口较小，领和祛（qū，袖口）通常有<u>宽边装饰</u>。与此同时，领子一般为交领，即<u>右衽、大襟</u>。

交领指衣服前襟（衣服胸前的部分）左右相交，右衽就是向右掩（左前襟覆盖住右前襟）。大襟意为两襟不在衣服正中间处固定，而是偏在一侧，通常从左到右，使得整个衣襟被盖住。

时代特征：深衣是秦汉时期男女皆可穿的服饰。"六王毕，四海一"，讲的正是秦始皇嬴政创设新的制度，包括统一衣冠制度，其中深衣便是嬴政所推行的衣冠之一。汉承秦后，重新设定了服制，确定了礼教的地位，但仍偏爱深衣。汉代的深衣较为华丽，是国家礼服。可见，汉代的冠服制度与政权统治结合紧密。

◎ 魏晋宽衫

绞缬绢衣，中国丝绸博物馆藏

　　服饰特色："绢"是一种质地轻薄的丝织品。此件绢衣，呈<u>对</u><u>襟</u>（衣服的胸前部分，对襟指的是左右相对），两襟下摆处微有重叠。袖子为<u>喇叭型宽袖</u>，靠近腋下拼缝处有<u>横向褶皱</u>。全身最显眼的装饰便是衣襟上的<u>红、褐两组系带</u>，用于系结。

　　时代特征：魏晋时期，异域传来佛教，本土玄学产生，宗教促使人们不再追逐浮于表面的奢华与富贵，转而追求内在的才情与品格。因此，朴素的广袖宽衫成为这个时期的主要服饰风格，体现了人们不受礼教约束的生活追求。

◎ **大唐锦绣**

锦袖花开纹绫袍，中国丝绸博物馆藏

　　服饰特色：此袍<u>交领左衽</u>，<u>窄袖</u>。衣服主体颜色为深褐色，衣身主体纹样以<u>宝花</u>为重心，是盛唐宝花的经典之作。两边的袖子都有一段<u>浅褐色花卉纹绫</u>，但与主体的纹样略有差异。两个袖口都装饰着两条<u>宝花纹锦缘</u>。整件衣服虽然色彩沉稳，但是纹样华丽。

时代特征： 唐代是中国古代封建社会的鼎盛时期，政治、经济、文化高度发达，服饰也因而走向了高峰。唐初的服饰与隋代相似，偏爱窄衣小袖、色彩沉稳；中唐以后，服装色彩逐渐走向大胆鲜艳，也运用许多外来纹饰。唐朝作为自信、繁荣的统一王朝，对待异族文化采取兼收并蓄的策略，形成了雍容华丽、百美斗艳的服饰主调。

◎ 宋服褙子

素罗褙子，中国丝绸博物馆藏

服饰特色： 此件素罗单衣是宋代青年女子常穿的"褙子"。衣身主体部分呈深褐色，款式为<u>直领对襟</u>，<u>窄袖</u>，衣长至膝下，领、襟及袖口以<u>浅黄色</u>素罗织物作为<u>缘边</u>，前门襟中部有一粒<u>纽扣</u>，用同种面料制成，根据考证是较早的纽扣之一。

时代特征：与唐朝在文化上兼收并蓄的观念不同，宋朝恢复并强调汉族传统，禁止百姓穿胡人服饰。同时，宋朝统治阶级在很大程度上受到了程朱理学的影响，在服装制度上反对唐代所喜爱的浓艳鲜丽之色，趋向追求质朴、淡雅的风格，服饰样式也趋于拘谨、保守，形成了独特的宋代"理性之美"。褙子正好展现了宋人保守而内敛的审美趣味。

◎ 异域辽金元

大窠四鹰纹锦袍，中国丝绸博物馆藏

服饰特色：此件袍服以辽式斜纹纬锦织物制成。<u>圆领</u>，窄袖。纹样属于<u>团窠</u>（kē），<u>团窠</u>较大，中间部分东西南北方位各有<u>四瓣小花</u>，四周被<u>四只展翅而飞的鸟包围</u>。衣身左侧，靠近腋下处有三颗<u>波浪形纽襻</u>（pàn），用来扣住纽扣的套，原有四颗，推测是脱落了。

时代特征：此件袍服是辽代典型的"缺胯袍"，设计理念是为了方便骑马，符合彼时少数民族豪爽奔放的北方气质。少数民族的服饰通常善于表现，奔放十足，服饰的纹样或功能常常与骑马、射猎等息息相关。少数民族在建立政权时，逐渐将这样的服装特色带到了中原。

◎ **胡汉明风**

明月白暗花纱比甲，孔子博物馆藏

服饰特色：比甲一般<u>无袖</u>，<u>圆领</u>，<u>对襟</u>。此件比甲<u>对襟镶红纱边</u>，长度为中长款，至臀部或膝处。比甲一般是女性服饰，内搭一般为大袖衫或者袄子。

时代特征：比甲最早出现于元朝，是皇帝的常服之一。在明朝中期，比甲逐渐普及，成为百姓的一种便服。它穿着方便，十分受青年妇女的喜爱。至于比甲究竟源于胡装还是汉装，已经很难考证，这也体现了民族服饰的交汇与融合。

◎ 清代满褂

品蓝团花漳绒马褂，中国丝绸博物馆藏

服饰特色： 此款马褂衣身较短，衣宽较大，属于短版宽松型。同时，马褂为立领，大襟，四开衩，宽直袖。褂的前、后及双袖各有一整株牡丹花，花朵饱满，枝繁叶茂，是晚清写实艺术的充分体现。

时代特征： 清代服饰制度的总体原则是男子从满、女子不从。由此，汉族女子服饰得以沿袭明代；汉族男子服饰则趋于"满化"，主要体现在男子所穿的马褂上。马褂刚开始只是由八旗士兵穿戴的；后到了康熙和雍正年间，开始得到上层阶级喜爱，成为达官贵人的便服之一。

◎ **摩登民国**

蜜黄缎彩绣独枝花鸟蝶旗袍，中国丝绸博物馆藏

　　服饰特色：此旗袍立领，大襟，窄袖，平袖口，<u>六枚盘扣</u>，<u>收腰</u>，用<u>紫红色窄镶领袖边</u>，下摆直口。旗袍主体颜色为淡黄色，纹样颜色以红色、紫红色为主。上绣<u>组合花卉</u>，花间有<u>喜鹊和凤蝶</u>。

　　时代特征：民国时期的服饰形制发生了重大变革。民国时期引入了各式各样的西式服装，促使中式传统服饰与西式摩登服饰并行，形成了中西合璧、土洋结合的风尚。

丝博士告诉你

◎ 魏晋宽衫

对襟

横向褶皱

喇叭型宽袖

红、褐两组系带

绞缬绢衣，中国丝绸博物馆藏

◎ 大唐锦绣

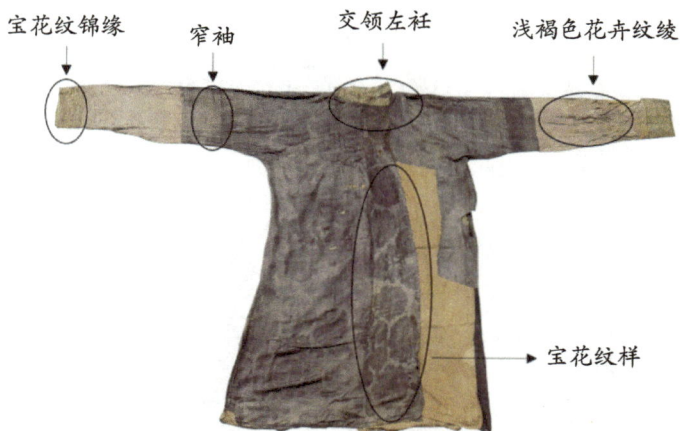

宝花纹锦缘　　窄袖　　交领左衽　　浅褐色花卉纹绫

宝花纹样

锦袖花卉纹绫袍，中国丝绸博物馆藏

◎ 宋服褙子

窄袖

直领、对襟

浅黄色缘边

纽扣

素罗褙子，中国丝绸博物馆藏

◎ 异域辽金元

圆领

波浪形纽襻

团窠中：
四只展翅飞翔的鹰
四瓣小花

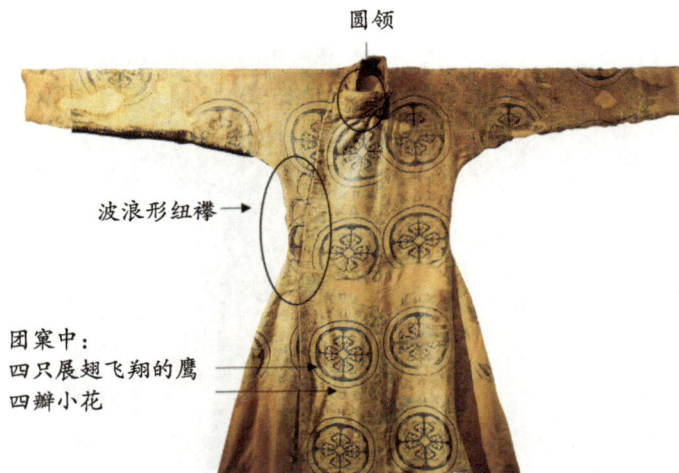

大窠四鹰纹锦袍，中国丝绸博物馆藏

◎ **胡汉明风**

无袖　圆领

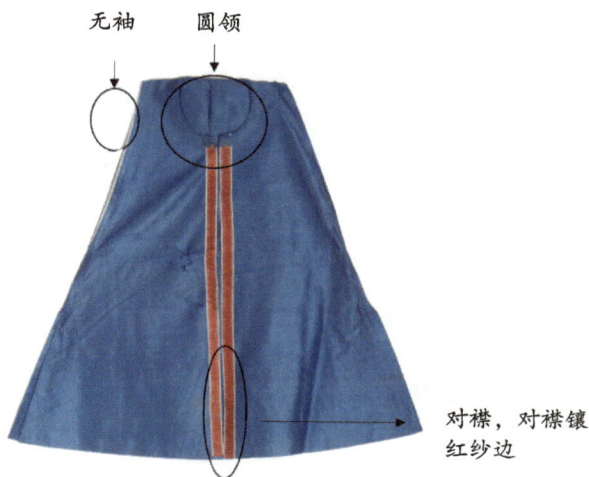

对襟，对襟镶
红纱边

明月白暗花纱比甲，孔子博物馆藏

◎ **清代满褂**

宽直袖　立领斜襟

整枝牡丹花

漳绒马褂，中国丝绸博物馆藏

◎ 摩登民国

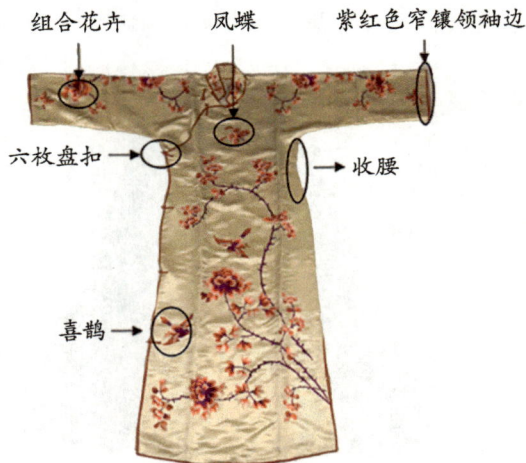

组合花卉　凤蝶　紫红色窄镶领袖边

六枚盘扣　→　　　→ 收腰

喜鹊　→

蜜黄缎彩绣独枝花鸟蝶旗袍，中国丝绸博物馆藏

成长日记

　　亲爱的同学，你最喜欢哪一个历史时期的代表性服饰？说说你喜欢它的三个理由。

_____

_____

_____

_____

_____

_____

课时 2　名画中的丝绸服饰

问题导入

在本节课中，我们将一起来品鉴名画，并结合上节课所学的知识，用自己的火眼金睛，找出名画中的丝绸服饰。

学习任务

欢迎大家参与"小小鉴定家——名画中的服饰"这一活动！以下将为你呈现四幅描绘丝绸服饰的典型绘画，你可以说出画中的服饰是什么，具有什么特色，并呈现了怎样的时代特征吗？请完成以下学习任务表，你可以和你的其他鉴定家伙伴交换意见，也可以查阅资料。

小小鉴定家——名画中的服饰

◎ **魏晋南北朝**

唐代画家孙位《高逸图》，上海博物馆藏

画中的服饰：

_____

服饰特色与时代特征：

_____

◎ 唐代

唐代画家周昉（fǎng）《簪（zān）花仕女图》，辽宁省博物馆藏

画中的服饰：

服饰特色与时代特征：

◎ 南宋

南宋画家马远《高士观瀑图》，大都会艺术博物馆藏

224

画中的服饰：

服饰特色与时代特征：

◎ 清代

清代那尔敦布《顺治皇帝进京之队伍赛马》（局部），大都会艺术博物馆藏

画中的服饰：

服饰特色与时代特征：

丝博士告诉你

（1）魏晋南北朝

画中的服饰：广袖宽衫。

服饰特色与时代特征：画面共绘有四个士人，四人皆盘腿列坐于花毯之上。四者通穿广袖宽衫，就连站立着的侍者也着广袖衣衫，除此之外，有的戴着小冠，有的裹着巾子，整体呈现出了宽松、休闲的氛围，展现了魏晋南北朝时期人们追求朴实的时代特征。

（2）唐代

画中的服饰：绘画作品中描绘了典型的盛唐女装。内搭较统一，大多是朱色垂地长裙；外穿不一，有的是白色或淡紫色纱衫，有的则是红色披风。

服饰特色与时代特征：大唐服饰具有富丽堂皇的特征。鲜艳垂地的长裙和宽松轻薄的纱衫，外观华丽，但并不实用、方便，也从侧面展现出唐代贵族妇女的闲适、娇贵与奢华，体现了她们闲散的生活。

（3）南宋

画中的服饰：文人身着直裰（duō），即古代士大夫所穿的一种便服。

服饰特色与时代特征：画中的文人便服简单淳朴、宽松自在，只有衣襟与袖口处有蓝色宽缘加以点缀。南宋以临安（今杭州）为都城，维持了150余年的统治历史。这一时期的文人追求内在的修养和极致的审美，因此这一时期的绘画往往侧重于短暂的快乐和转瞬即逝的美。《高士观瀑图》中的文人是南宋文人的典型代表——他们并不追求华丽的衣衫，而是更享受天人合一、物我两忘的境界。

（4）清代

画中的服饰： 皇家侍卫身着黄色马褂。

服饰特色与时代特征： 马褂是典型的满族服装，清代初期由八旗士兵穿戴，后也流行于富贵人家。此画描绘了顺治皇帝（1643—1661年在位，清朝定都北京的第一位皇帝）进入北京的庆祝活动之一。根据现有记载，此画是最早的清朝宫廷绘画之一，生动记录了清朝初期的皇族生活，凸显了满族艺术的质朴与奔放。

拓广探索

在学习了中国古代丝绸服饰的起源与发展之后，让我们一起来了解西方服饰的发展演变，作为我们的拓展内容。可以先阅读"知识卡片"中的材料"从田园到城市：四百年的西方时装"，以寻找关键词的方式找到西方17—20世纪的代表性服装，再根据文中的描述（尤其是黑体部分）总结服装特色。

西方17—20世纪代表性服装	
代表性服装	服装特色
17世纪：	
18世纪：	
19世纪：	
20世纪：	

从田园到城市：四百年的西方时装

当我们的视线从东方服饰发展移至西方服饰演变时，我们是否可以发现别样的历史风景呢？17—20世纪西方服饰风格鲜明，质感强烈，对后世产生了重要的影响。

◎ 17世纪的巴洛克礼服裙（Baroque Formal Dress）

17世纪末期绿地花卉织锦礼服裙，中国丝绸博物馆藏

这件17世纪末期的礼服裙使用了当时非常珍贵的织锦缎面料，再加上华丽精致的纹样，是一种财富和地位的象征。这件礼服的纹样也是典型的巴洛克时期风格，即中央有一个大花纹图案，两侧对称分布小的花卉纹样。

◎ 18世纪的华托服（The Sack-back Gown/Watteau Pleats）

华托服面料华丽，尽显奢华，主要流行于18世纪初期的欧洲。当时的宫廷画家华托（Jean-Antoine Watteau）常在作品中刻画妇女们的服饰，将奢靡的氛围展现得淋漓尽致，因而此种服装得名为"华托服"。简而言之，华托服就是一种外穿的宽松长裙，其特点是从后颈处向下做出一排整齐规律的褶裥（zhě jiǎn，经折叠而缝成的纹）。从前面看，妇女胸口袒露、两袖窄瘦、肩线自然；从背面看，裙裾蓬松，随着步伐徐徐飘动。

华托服，中国丝绸博物馆藏

◎ 19世纪的巴瑟尔裙（Bustle）

19世纪后半叶，欧洲的女性服装开始强调装饰女性臀部，出现了一种"巴瑟尔"的裙撑样式，它塑造女性的后部骨架，以增强服装臀部的存在感，从而展现女性的线条美，有此种样式的宽松长裙便得名"巴瑟尔裙"。

巴瑟尔裙复制品，中国丝绸博物馆藏

229

◎ 20 世纪是杰出设计师扬名史册的舞台

20 世纪，许多优秀的服装设计师开始涌现。朗万（Jeanne Lanvin）、香奈儿（Gabrielle Bonheur Chanel）、迪奥（Christian Dior）、巴伦夏加（Cristobal Balenciaga）、纪梵希（Hubert de Givenchy）等都留下了自己的传说。他们设计的服装各具特色，促使服装向多元化的方向发展。

中国丝绸博物馆展厅内的 20 世纪西方服饰

丝博士告诉你

西方 17—20 世纪代表性服装	
代表性服装	服装特色
17 世纪： 巴洛克礼服裙	使用非常珍贵的织锦缎面料，是一种财富和地位的象征。
18 世纪： 华托服	宽松长裙，用料华丽，有整齐规律的褶裥，袖子窄瘦，袒露胸口。
19 世纪： 巴瑟尔裙	带有裙撑样式的宽松长裙，装饰女性的臀部。
20 世纪： 各类服装设计师所设计的服装	各具特色，服装向多元化发展。

成长日记

请思考我国不同历史时期的服饰有何特点，以及这些特点反映了何种时代背景（可以从政治、经济、文化角度进行思考）。

_____

_____

_____

_____

_____

_____

在这一节中，你学到了哪些知识呢？快用思维导图梳理一下吧！

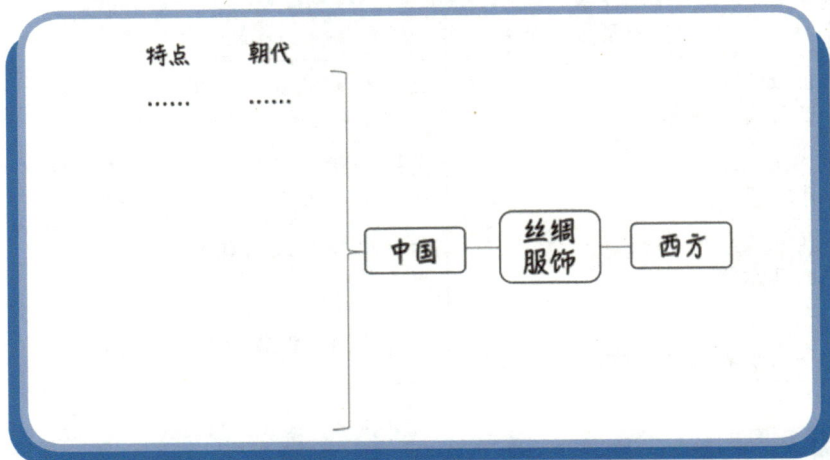

特点	朝代
……	……

中国 → 丝绸服饰 → 西方

在这一节中，你做成了哪些有意义的事呢？

活动类型	你所完成的事
小组活动	
个人学习	

第二节 丝绸服饰的颜色与样式（2课时）

情境引入

我们所在的城市即将召开一项大型赛事。我们需要合作成立丝绸设计工作室，设计出赛事礼仪小姐的丝绸服饰。那么，如何设计丝绸服装呢？我们应如何考虑各种因素，汲取何种灵感进行设计？接下来，让我们一起学习丝绸服饰的颜色与样式，期待你有新的灵感！

核心问题

1. 历史上，不同官员以及百姓所穿的衣服，颜色有什么不同？

2. 云肩有何种用途及寓意？古人的袖子有何种样式？古人的腰带有何种样式？

3. 古人们是如何设计丝绸服饰上的纹样的？他们的灵感来源是什么？

核心目标

1. 认识服饰色彩的身份特性，说出官服和平民服装颜色不同的原因。

2. 简单叙述云肩的发展历程。

3. 知道袖子是有不同类型的，说出4—5种袖型及其代表性服装，独立画出以上袖型的简笔画。

4. 说出腰带的发展历程和阶段特征，根据腰带的功能和审美元素简单设计一款现代腰带。

5. 领略传统服饰之美，理解服饰变化的驱动因素与主要影响因素。

课时 1　丝绸服饰的色彩

问题导入

亲爱的小设计师，你是否觉得为礼仪小姐设计服装有些陌生、棘手呢？要相信自己，在认真学习接下来的几节课程后，你一定会豁然开朗，灵感满满！在正式进行礼仪小姐服装的设计前，我们必须学习一系列关于颜色以及样式的知识，才能最终来到终极闯关任务。现在就让我们撸起袖子加油干吧！

集思广益

请仔细研读后面的内容，并以小组为单位，互相交流、讨论，确定唐朝、宋朝的服装颜色，以小组分工的形式完成"唐朝、宋朝服装一览表"，为不同身份的人们穿上适合他们的服装（填色即可）。

唐朝、宋朝服装一览表 小组名称： 小组成员：	
人物身份	服饰颜色
唐朝四品官员	

人物身份	服饰颜色
唐朝六品官员	
唐朝九品官员	
唐朝庶人	
唐朝屠商	

续表

人物身份	服饰颜色
宋朝三品官员	
宋朝五品官员	
宋朝九品官员	

学习任务

　　设计一款服装时，需要考虑衣服的色彩。古人在穿衣服时并不能实现"颜色自由"，而要根据自己的社会身份和地位来选择。你需要完成"阅读任务单"，来了解唐朝和宋朝服饰色彩的"身份"属性。

阅读任务单

材料1：

　　三品以上服紫，金玉带。四品服深绯（fēi，红色），五品服浅绯（浅红），并金带。六品服深绿，七品服浅绿，并银带。八品服深青，九品服浅青，并鍮（yú，同"逾"）石带。庶人并铜铁带。胥（xū，古代掌管文书的小官吏）使以青，庶（shù，平民）人以白，屠商以皂（zào，黑色），士卒以黄。

——《旧唐书》和《新唐书》

材料2：

　　文武三品已上服紫，五品已上服绯，九品已上服绿。

——《宋史·职官九》

思考： 唐朝与宋朝官服的颜色是如何规定的？

_____

_____

_____

🖋 丝博士告诉你

◎ 唐朝服装

　　从隋朝开始，不同等级的官员开始穿不同颜色的官服，这非常显著地体现了古代的阶级性。

　　唐朝继承、完善了隋朝的官服制度。唐朝官服的颜色分为紫、红、绿、青四种；五品以上官员使用金腰带，六、七品官员使用银腰带。玉腰带原先只能在皇族中使用，到了唐朝中后期，皇帝经常把腰带赏赐给高级官员。于是，高级官员佩戴玉腰带的做法，逐步成为一种时尚。

唐朝官服		
官员等级	服装颜色	搭配腰带
官员三品以上	紫色	金玉带
四品	深红	金带
五品	浅红	金带
六品	深绿	银带
七品	浅绿	银带
八品	深青	石带
九品	浅青	石带
庶人	白	铜铁带
屠商	黑	铜铁带

◎ 宋朝服装

北宋建国后规定，青色官服适用于九品以上官员，绯色官服代表五品以上的朝中大员，紫色官服则代表三品以上。

宋朝官服	
官员等级	官服颜色
三品以上	紫色
四品、五品	朱色
九品到六品	青色

◎ 服装颜色不同

中国古代封建社会等级制度森严。官员与平民的衣服颜色不同，不同等级官员之间的官服颜色也不同，这鲜明地体现了社会的阶级性——人们正是以不同的服装颜色来显示不同的社会地位，来区分高低贵贱的。

古时候，染织技术并不发达，平民百姓大多穿麻布和棉布本色的衣服，因此黑色和白色也就成了庶民衣服的主要颜色。为了凸显尊贵的身份，除了以不同衣服颜色进行区分外，官员们还常常戴上不同的配件，或是绣上不同的纹样，来展示自己的身份，明朝时的补子就是一个例子（我们会在后面的课程中进一步展开内容）。

课时 2　云肩、袖子与腰带

问题导入

　　亲爱的小设计师，设计丝绸服饰时，只考虑颜色是远远不够的，我们还需要设计服饰的样式。你会设计怎样的样式来让衣服脱颖而出呢？

◎ **云肩**

知识卡片

左图：白缎彩绣花鸟云肩；右图：白缎彩绣花蝶人物大云肩，中国丝绸博物馆藏

　　云肩是古代女性置于肩部的一种装饰织物，因其飘逸的特性，被称为"肩上流动的云彩"。它的设计初衷其实是为了保护领口和肩部的清洁，在发展过程中逐渐演变为一种装饰物。通常情况下，云肩以彩锦绣制而成，并由四个云纹组成，称为"四合如意式"。

　　云肩最早出现于隋唐，宋、金时期它逐渐普及，元代时成为女子的主流服饰，最终在明清晚期固定下来，成为女子用来装饰肩部和领部的重要样式。女子多在婚嫁等隆重的场合佩戴云肩。

到了民国时期，由于受西方服饰的巨大冲击，云肩在女性服装中逐渐失宠了。然而，由于云肩仍然是具有丰富文化内涵的服饰样式，具有深厚的历史渊源，因此，它在短暂地退出历史舞台之后，于 20 世纪 30 年代热度又逐渐回升。

◎ **袖子**

🍃 学习任务

袖子是设计服装时不可忽视的重要因素。请结合"知识卡片"的相关材料，完成"辨袖小专家"的学习任务表单，画出我们介绍过的袖型。若你还了解到历史上的其他特色袖型，也可以补充在表格的后面。请记住，只有对多种袖型有充分了解之后，你才能在设计袖子时运用丰富的素材库！

辨袖小专家	
袖型	图示
垂胡袖	
箭袖	
大袖	
琵琶袖	
马蹄袖	
…… 你还能补充吗？	

📗 **知识卡片**

从周代服装建制到清末民初，袖子的变化一直受到经济发展、政权统治、文化交流的影响。

◎ **垂胡袖**

垂胡袖主要是汉代服饰的袖型。根据其外形，可以推测它是模仿**牛脖子上囊袋（类似络腮胡子）**的形状设计的。一般来说，垂胡袖的袖根很肥，日常穿戴并不方便，所以带垂胡袖的衣服应该是正规场合的礼服。

人物龙凤帛画，湖南省博物馆藏

◎ **箭袖**

箭袖是古代**北方游牧民族**的传统袖型之一。箭袖的袖根大，袖口小，整体形似箭，由此得名。袖根宽大，可以使人即使穿着多层衣物也能自由活动胳膊；袖口收窄，可以在寒冷天气保暖。

明代白布交领短衫，贵州省博物馆藏

◎ 大袖

大袖，又称"广袖"。袖口不收紧，呈长长的椭圆弧形，自然敞开，有的甚至垂地。这种袖型多用于礼服，多普及于经济发达、纺织技术先进的朝代。在我们之前学到的《簪花仕女图》中，便有宽大、夸张的广袖。

◎ 琵琶袖

琵琶袖实质上是缩小版的垂胡袖，流行于明代。它由袖根到袖口慢慢向外扩张，像一把琵琶，因而得名"琵琶袖"。袖根使得臂肘伸屈较为方便，袖口收紧后便于日常活动，跟垂胡袖相比更加日常、方便。

明代曲水如意云纹暗花缎曳撒袍，中国丝绸博物馆藏

◎ 马蹄袖

马蹄袖者，开衩袍之袖也。因形如马蹄，故名。

——（民国）徐珂《清稗类钞》

马蹄袖是具有 满族 特色的一种袖型，在清代尤为流行。福色云纹妆花缎蟒袍的袖子就是一个典型代表。

福色云纹妆花缎蟒袍，中国丝绸博物馆藏

马蹄袖的结构可以分为大袖、接袖和马蹄袖端三个部分。

大袖　　接袖　　马蹄袖端

马蹄袖结构示意图

（1）**大袖**：属于衣片上已有的袖身。其长度依照面料的幅宽以及衣服的主体设计而定，一般不会超过手肘部位。

（2）**接袖**：马蹄袖端和接袖是可以单独制作的。接袖部分大多使用熨遮或纳线工艺，利用纵向纹路进行装饰，以简洁的纹面衬托大袖和马蹄袖华丽的艺术效果。

（3）**马蹄袖端**：马蹄袖端的半圆形造型类似于"马蹄"。它可以保护手背不受外界侵扰，同时有一定的保暖作用。它长度合理，一般不妨碍缰绳、弓箭的使用。进入清代后，骑射需求降低，马蹄袖不再注重实用性，而是更注重装饰性。

丝博士告诉你

快来看看，你的学习任务单完成得如何了。

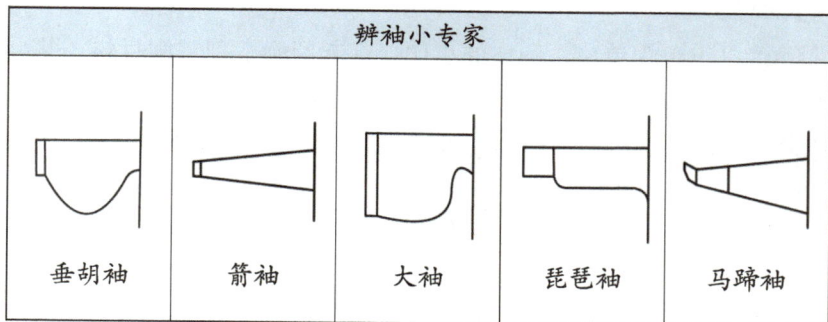

辨袖小专家

垂胡袖　箭袖　大袖　琵琶袖　马蹄袖

◎ **腰带**

学习任务

你有观察过生活中的腰带吗？请结合所学内容，考虑功能、审美情趣、当今服饰需求等方面，以小组为单位，试着设计一款现代的腰带吧。

现代腰带设计单

小组名称：	腰带名称：
小组成员：	灵感来源：
	设计理念：
腰带样式：	

集思广益

　　请以小组为单位，和你的小伙伴一起阅读下列三则材料，并一起讨论老师留给大家的思考题：皮革腰带的发展可以基本划分为几个阶段？阅读完成后，请各小组派一名代表分享你们的看法。

皮革腰带发展史

材料1：

　　秦代至西晋的历朝历代的皮革腰带以华夏族本土风格为主。由于早期皮革制作技艺和加工水平的局限性，当时皮革腰带的功能比较单一，束腰的松紧范围比较小，同时也未考虑审美的需求，因此腰带在服饰中的地位亦不高。尽管后期产生了具有一定审美情趣的"S"形状的带钩，可增强腰带的调节范围，但此阶段的腰带总体还是较为简朴的。

材料2：

西晋末至唐代末期，流行外来形制的腰带。此阶段，民族大融合使得异域风格成为皮革腰带上最显著的形制特征。正如北宋沈括《梦溪笔谈》所言："中国衣冠，自北齐以来，乃全用胡服。"具有东胡风格的腰带，以其美观和便利的活动扣舌一举取代了原先的"带钩"。带扣基本为长方形，朝外的一头为圆形；带鞓（tīng，皮革制成的腰带）上安装透雕带銙（kuǎ，古代附于腰带上的装饰品，用金、银、铁、犀角等制成），銙下悬环杏叶或半圆形饰件；带鞓右侧装饰性带扣外端铆接小带，小带尾装剑形蛇尾。

材料3：

在唐末至清代这一历史时期，本土风格再次形成。当外来新奇事物转而变成社会常态时，中国古代皮革腰带的发展，便又开始进入新阶段。唐末至五代，一种双带扣、双尾的皮革腰带形制，逐步流行了起来。其实际上是由两条带鞓组成的，其中较长的一条两端均装蛇尾、扎扣眼，较短的一条两端则都装带扣。这与原本一带扣一尾的皮革腰带有了本质的区别，基本形成了新的中原风格。

——马冬《革带春秋——中国古代皮革腰带发展略论》

思考题：

腰带的发展基本可以划分为几个阶段？

🍃 **丝博士告诉你**

根据以上材料，我们发现腰带的发展可以大致分为：

（1）华夏族本土风格为主的早期发展阶段。

（2）外来形制流行的中期发展阶段。

（3）本土风格再次形成的后期发展阶段。

🍃 **集思广益**

你最喜欢哪个时期的腰带呢？快和你的小伙伴交流分享一下吧，并说说你的理由。

_____

_____

_____

_____

_____

🍃 **项目学习小档案**

在这一节中，你学到了哪些知识呢？快用思维导图梳理一下吧！

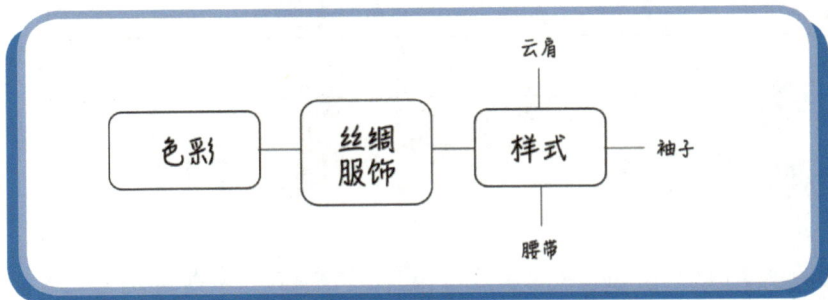

在这一节中，你做成了哪些有意义的事呢？

活动类型	你所完成的事
小组活动	
个人学习	

第三节　丝绸服饰的纹样与设计（2课时）

情境引入

我们已经从颜色和样式两个方面，为小设计师提供了设计礼仪小姐服饰的灵感。那么，你知道衣服上的图案该怎么设计吗？接下来，我们将从"云纹、花纹、飞禽走兽、吉祥寓意"等不同类型的纹样出发，解读丝绸上的纹样设计，为大家提供纹样设计的灵感。

核心问题

1. 纹样有哪些类型？
2. 这些纹样灵感从何而来？

核心目标

1. 说出纹样的不同分类和每个类型中的2—3个代表性纹样，领略纹样艺术之美。
2. 举2—3个例子，说明纹样的设计灵感分别是什么，并理解其背后的文化意蕴。
3. 熟悉设计的过程，完成从具象物体到抽象符号的思维转变。
4. 从生活中获取灵感，设计服饰的简单纹样。

课时 1　云气动物与珍禽异兽

问题导入

　　从本质上讲，纹样设计其实就是"从具象到抽象"的过程——我们要用较少的笔画、简洁的图形，将现实中的物体提取为图形，就如图中的"铜奔马"到"中国旅游标志"的转变。

| 铜奔马（甘肃省博物馆藏） | 对铜奔马进行描边 | 中国旅游标志 |

具象　　　　　　　　　　　　　　　　　　　　抽象

从"铜奔马"到"中国旅游标志"

学习任务

　　请拿起铅笔，在实物"描一描"表格的图片中描出花的形状，再与纹样做对比。你发现了什么？

描一描			
名字	实物图片	纹样	我的发现
莲花			基本采用写实的手法；定格花盛开的瞬间……

续表

描一描			
名字	实物图片	纹样	我的发现
梅花			
菊花			

接下来，让我们根据纹样的原图，来猜一猜纹样的实物来源是什么。

猜一猜	
纹样	实物来源
 漳绒男上衣，费城艺术博物馆藏	

纹样	实物来源
 女短袍，费城艺术博物馆藏	
 荷包，中国丝绸博物馆藏	
 烟袋，中国丝绸博物馆藏	

丝博士告诉你

图片中纹样的实物来源是：

（1）芭蕉、牡丹花、菊花、鹤、观赏石。

（2）牡丹。

（3）彩蝶。

（4）花、虫、佛手。

◎ 云气动物

知识卡片

　　古代早期丝绸图案常带有植物、动物和天上可以见到的各种神秘的自然景象的纹样。云气纹源于商周青铜器上的"云雷纹"，在秦汉时期逐渐普及。<u>云气</u>常与<u>花鸟</u>结合在一起出现，中国丝绸博物馆所藏的蓝地云气羽人立鸟纹锦是云气纹绣中最典型的一种。

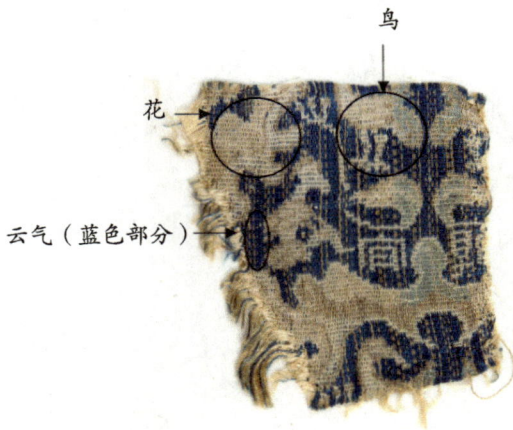

鸟

花

云气（蓝色部分）

蓝地云气羽人立鸟纹锦，中国丝绸博物馆藏

云气动物纹是汉锦中最具特色的一种图案，指的是"带有花穗的穗状云"与"动物纹"以组合的形式出现。

各类变形的云纹

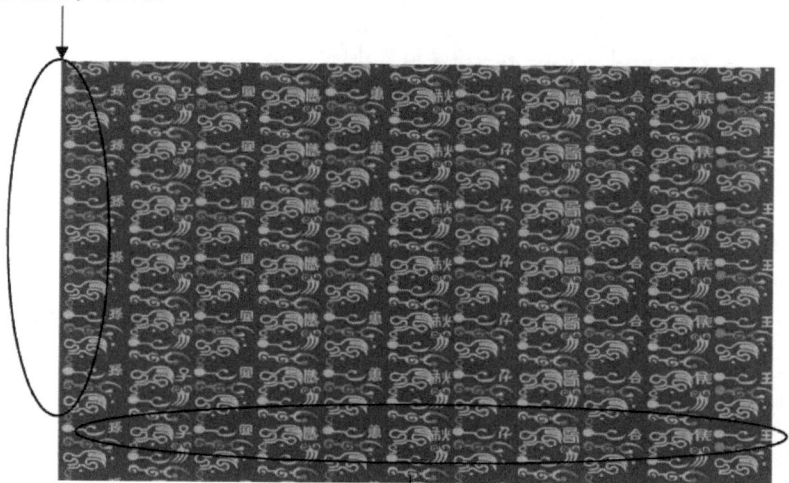

"王侯合昏千秋万岁宜子孙"

"王侯合昏千秋万岁宜子孙"锦枕，新疆文物考古研究所藏

新疆文物考古研究所收藏的这件"'王侯合昏千秋万岁宜子孙'锦枕"来自中原。它沿着丝绸之路来到楼兰，是丝绸之路的亲历者，见证过丝路的兴起与衰落。在锦枕的纹样中，充当骨架的是各类变形的云纹，在云纹中可以清晰地看到其中的汉字——"王侯合昏千秋万岁宜子孙"。

各类变形的云气纹   神兽   神兽

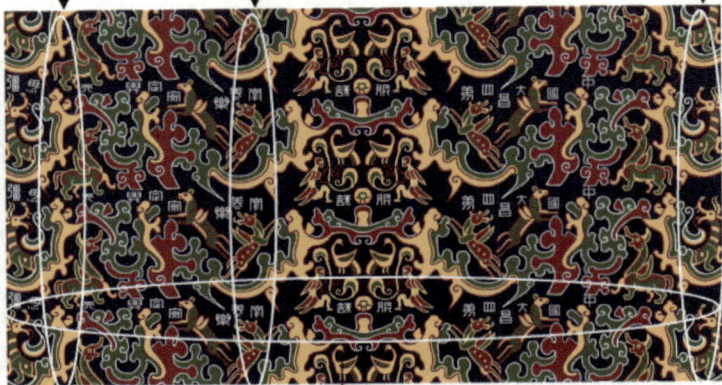

"中国大昌四夷服诛南羌乐安定与天无疆"

"中国大昌四夷服诛南羌乐安定与天无疆"锦纹样复原图

　　我们再看中国丝绸博物馆收藏的这件"中国大昌四夷服诛南羌乐安定与天无疆"锦的纹样复原图，它同样以各类<u>变形的云气纹</u>为骨架，云气缭绕之间还有各类神奇动物的出没。这些动物应该是诸如麒麟、白虎之类的<u>神兽</u>，它们背上还插着一对小翅膀。另外，我们还能看到黑底白字的长串汉字，寓意同样气势宏伟——<u>"中国大昌四夷服诛南羌乐安定与天无疆"</u>，表达了纹样设计者对中原政府繁荣安定的祝福。

◎　**珍禽异兽**

　　魏晋南北朝是一个民族大融合的时代。因此，丝绸图案中出现了大量西域珍禽异兽的纹样，如大象、骆驼、狮子。中国丝绸博物馆收藏的唐代联珠对鹿纹锦中的动物就是马鹿的一种：对鹿，脖子上系着飘带，站在生命树下。这件藏品是典型的大窠（即大科，指大朵团花）联珠纹。联珠纹是指圆圈或圆珠的连接排列。它们大小基本相同，排列成规矩整齐的几何形骨架，如圆形、菱形、弧形。在骨架中，填以各种植物或动物纹样，这种图案风格被称为"波斯萨珊王朝美术"，在初唐甚为流行。

联珠对鹿纹锦，中国丝绸博物馆藏

学习任务

听完老师讲解联珠纹的特征后，你能帮助博物馆的研究人员进行初步的修复吗？请在复原图里将纹样补充完整，为博物馆的研究人员对文物的进一步修复做好准备！

联珠对鹿纹修复

课时 2　繁花似锦与吉祥祝福

问题导入

　　云气动物和珍禽异兽两种类型的纹样，淋漓尽致地体现了古人对未知的天外世界的探索和对异域动物的猎奇。接下来，我们将学习另外两种纹样，看看这两种纹样是否更贴近生活。

集思广益

　　亲爱的小设计师，请在这一课结束后，以小组为单位，相互交流讨论，为礼仪小姐的服装先设计一款纹样，绘制在表格中。绘制完后，各个小组与班内同学和老师一起分享自己的灵感来源和设计理念。

礼仪小姐服装纹样设计	
小组姓名： 小组成员：	
实物来源	我设计的纹样

◎ 繁花似锦

学习任务

接下来，我们将学习花卉纹样，学习后请小设计师总结一下每种花的寓意，完成下面的学习单。

花意解读	
花的种类	寓意
梅花	
牡丹	
莲花	
菊花	
桃花	
宝相花	

知识卡片

◎ 梅花

梅花，属蔷薇科乔木，被认为是孤傲清雅、不畏严寒的象征。古代文人对梅青睐有加。北宋诗人林逋的一首《山园小梅》，以"疏影横斜水清浅，暗香浮动月黄昏"描绘了梅花的清冷和静谧氛围。同时，南宋画家马远创作了描绘梅花、松、竹的《岁寒三友图》，以此象征坚毅的品质和忠贞的友谊。

◎ 牡丹

牡丹，属芍药科小灌木，色彩艳丽、富贵端庄，被誉为"花中之王"。唐代诗人刘禹锡在《赏牡丹》中写道："唯有牡丹真国色，花开时节动京城。"牡丹与海棠相结合，有富贵满堂之意韵；缠枝牡丹，有延年富贵之意韵。

◎ 莲花

莲花，属睡莲科水生草本植物，以"出淤泥而不染"的本质，被誉为"花中君子"。佛教传入中国后，莲花逐渐成为神圣、纯洁品质的代表，被广泛运用于佛像的莲花座、敦煌壁画、丝绸装饰等情景。

◎ 菊花

菊花，属菊科草本植物，是吉祥、健康和长寿的象征。因陶渊明的诗句"采菊东篱下"，菊花被誉为"花之隐者"。

缠枝菊花纹在明清时期非常流行，花朵硕大，花瓣相叠，华丽而不失庄重。皇帝寿辰时，宫中均穿菊花寿字纹服装，表示对皇帝的衷心祝福。

◎ 桃花

桃花，属蔷薇科小乔木，艳丽妩媚，象征着烂漫春色。宋代诗人向敏中在《桃花》中写道："千朵秾芳倚槛斜，一枝枝缀乱云霞。凭君莫厌临风看，占断春光是此花。"这使得桃花的娇媚姿态跃然纸上。同时，桃花也代表着青春、爱情，常被寄托着绵长的情思。

桃花流水也是纹样的一大主题。刘禹锡《竹枝词》中的"山桃红花满上头，蜀江春水拍山流。花红易衰似郎意，水流无限似侬愁"，唯美又哀愁。因此，桃花与流水相融合，常可表达花落水流、春去匆匆、"逝者如斯夫"的意境与心绪。

◎ 宝相花

宝相花并不是真实世界中的花卉，而是综合了多种花卉特点的虚构花卉。宝相花最初由莲花演变而来，有圣洁、吉祥之意。到了唐代，其被称为"宝花"，综合了莲花、牡丹、菊花等各种花卉的特点，被设计成圆形的团窠状图案。宝相花叶相叠，与唐代雍容华贵的服装风貌十分相符。

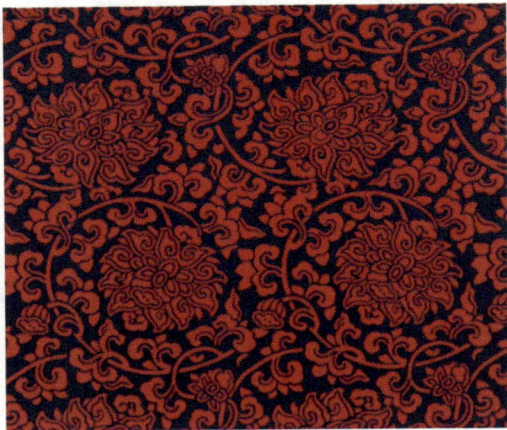

深地缠枝宝相花两色罗，中国丝绸博物馆藏

集思广益

你最喜欢的花是哪一种？你觉得什么花卉纹样最适合用于所设计的礼仪服饰？与小伙伴们讨论一下吧！

_____

_____

_____

_____

_____

◎ 吉祥祝福

📎 知识卡片

吉祥寓意是丝绸纹样不可绕开的话题。吉祥祝福的纹样起始于商周，发展于唐宋，在明清时期达到鼎盛。人们追求图必有意、意必吉祥。吉祥祝福主要包括以下四种。

富：金钱上富有。

贵：仕途上平步青云。

寿：平平安安、延年益寿。

喜：婚姻美满、友情绵长、多子多孙。

（1）龙凤纹

龙凤是中国文化的象征，是古代皇室的标志。

龙融合了各种动物的特征，马首、鹿角、鸟爪、蛇身、鱼鳞……尽管它实际上并不存在，但仍是中国自古以来的一种吉祥神物。

明黄色盘金绣龙袍，中国丝绸博物馆藏

凤的形象，鸿前鳞后，蛇颈鱼尾，龙纹龟身，燕颔鸡啄，常常用作帝后的图案。龙纹和凤纹组合在一起，象征着夫妻婚姻美满。

（2）十二章纹

皇帝的朝服是皇帝在登基、大婚、元旦、祭祀等重大典礼上所穿的礼服，上饰有象征最高权力的"十二章纹"。十二章纹几乎涵盖了人类繁衍生息的方方面面。

十二章纹主要分布在衣服的三个部位：一是衣领与肩膀部位，左肩为日，右肩为月，前领为三星，后领为山；二是胸背部，前胸为黼（fǔ）、黻（fú），后背为一对龙以及华虫，以上便是上幅的章纹，共八章；三是下幅，前身为藻（即水藻）与宗彝（yí），后身为火和粉米，共四章。这样，上、下两幅共构成十二章纹。以下是十二章纹的内涵。

十二章纹的内涵	
十二章纹	内涵
日	光明、生命
月	长生不老
三星	照临之意
山	稳重
黼（斧形）	从善背恶
黻（"亚"形）	决断明辨
对龙	应变
华虫	五彩华丽
藻	洁净
宗彝	威猛机智
火	光明
粉米	滋养之意

学习任务

同学们，你们可以正确地配对十二章纹对应的纹样吗？

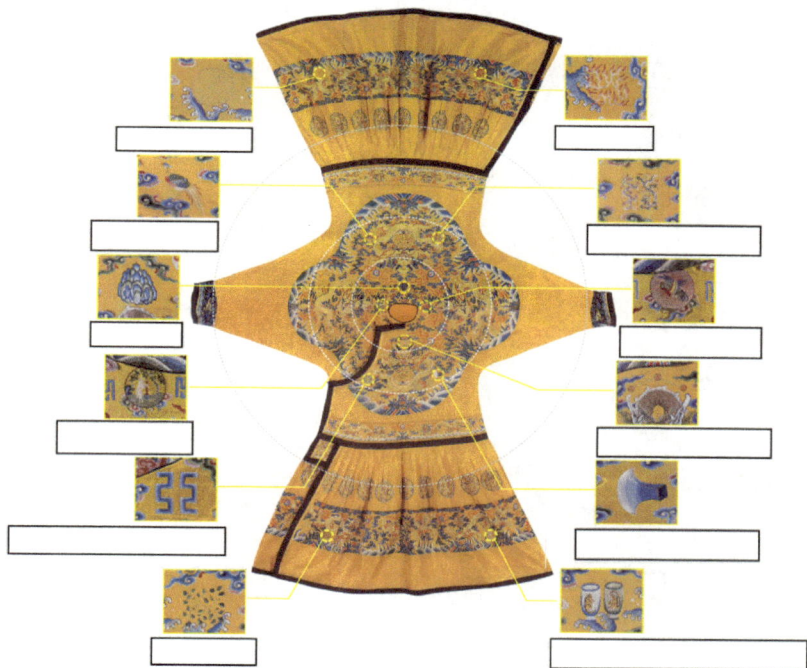

选项：

A. 日   B. 月   C. 三星

D. 山   E. 黼   F. 黻

G. 对龙   H. 华虫   I. 藻

J. 宗彝   Q. 火   M. 粉米

丝博士告诉你

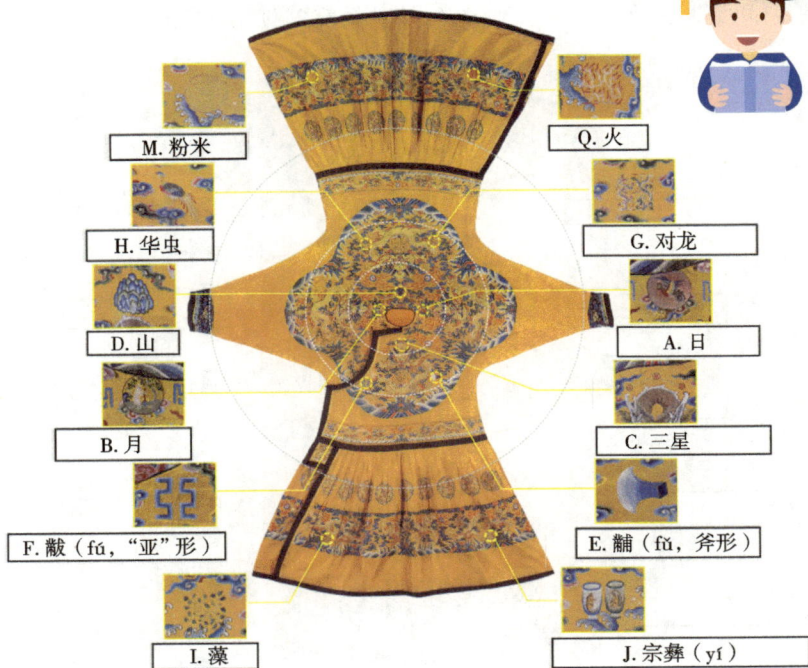

M. 粉米

Q. 火

H. 华虫

G. 对龙

D. 山

A. 日

B. 月

C. 三星

F. 黻（fú，"亚"形）

E. 黼（fǔ，斧形）

I. 藻

J. 宗彝（yí）

知识卡片

（3）章补纹样①

　　章补纹样，又称为"胸背"，从明代开始也被称为"补子"。它主要出现在衣身的前胸和后背两处。前胸的章纹简称"前补"，后背的章补简称"后补"，是用来表示官位品级的。补子又分为"圆补"和"方补"。圆补为亲王等王室成员专用；方补为官员所用，文官用禽纹方补，寓意智慧，武官用兽纹方补，寓意勇猛。补子在明代为 40 厘米左右的方形，清代发展为 30 厘米左右的

① 本部分的补子图样来自中国丝绸博物院展览。

方形或圆形，取四平八稳、团圆祥和之意。

文官补子

文官一品：鹤	文官二品：锦鸡	文官三品：孔雀
文官四品：雁	文官五品：白鹇（xián）	文官六品：鹭鸶（lù sī）
文官七品：鸂鶒（xī chì）	文官八品：黄鹂	文官九品：练雀

武官补子

武官一品：麒麟	武官二品：狮	武官三品：豹

续表

武官补子		
武官四品：虎 	武官五品：熊 	武官六品：彪 
武官七品：犀牛 	武官八品：犀牛 	武官九品：海马 

🍃 学习任务

　　在文官和武官的补子中，挑选一个你喜欢的纹样。说说你为什么喜欢它，最后请将其简要勾勒在下边的方框中。

补子临摹

学生姓名：
补子名称：
选取理由：

集思广益

以小组为单位完成以下表格，将文官和武官的补子进行对比，看看有什么发现。

<table>
<tr><th colspan="3">文官和武官补子对比</th></tr>
<tr><td colspan="3">小组名称：
小组成员：</td></tr>
<tr><th>官员品级</th><th>文官</th><th>武官</th></tr>
<tr><td>一品</td><td></td><td></td></tr>
<tr><td>二品</td><td></td><td></td></tr>
<tr><td>三品</td><td></td><td></td></tr>
<tr><td>四品</td><td></td><td></td></tr>
<tr><td>五品</td><td></td><td></td></tr>
<tr><td>六品</td><td></td><td></td></tr>
<tr><td>七品</td><td></td><td></td></tr>
<tr><td>八品</td><td></td><td></td></tr>
<tr><td>九品</td><td></td><td></td></tr>
<tr><td>我们小组的
发现</td><td></td><td></td></tr>
</table>

📎 **项目学习小档案**

在这一节中，你学到了哪些知识呢？快用思维导图梳理一下吧！

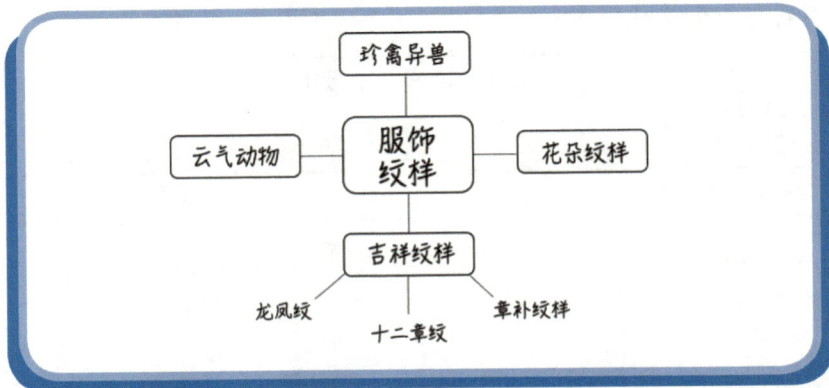

```
                  珍禽异兽
                     │
   云气动物 ──── 服饰纹样 ──── 花朵纹样
                     │
                  吉祥纹样
          ┌──────────┼──────────┐
        龙凤纹    十二章纹    章补纹样
```

在这一节中，你做成了哪些有意义的事呢？

活动类型	你所完成的事
小组活动	
个人学习	

第四节　丝绸服饰设计师（2课时）

情境引入

　　作为服装设计师团队，我们现在需要真正动手设计出一件完美的礼仪小姐的丝绸服装了！在之前几节课中，我们学习了丝绸服饰的颜色、样式以及纹样，这些都是丝绸服饰最重要的设计元素。因此，我们在这节课中必须调动我们前几节课所学的知识。你准备好了吗？

核心问题

　　1. 丝绸服饰的主要设计元素包括什么？
　　2. 如何设计一款适合礼仪小姐的丝绸服饰呢？

核心目标

　　1. 以设计思维为工作流程，形成设计师的专家思维。
　　2. 以北京奥运会礼仪小姐的服饰为案例进行分析，小组讨论礼仪小姐服饰的主要设计元素。
　　3. 运用所学的服饰颜色、样式和纹样等知识，明确表达自己的设计理念和设计灵感，并进行小组分享与交流，对自己以及他人的作品做出客观、公正的评价。
　　4. 充分考虑丝绸服饰的文化意蕴和地方特色，发挥想象力，将艺术融入设计。

课时1 礼仪服饰的设计

问题导入

　　亲爱的小设计师，我们之前一直在潜心修行，学习了丝绸服饰的起源与发展、颜色与样式、纹样与设计等内容，相信聪明的你已经对丝绸服饰有了自己的认识。你是否已经跃跃欲试，准备开始设计服装了呢？在动手设计之前，先在老师的带领下，共同解读北京奥运会的礼仪服装，得到一些灵感与思路。

　　北京奥运会颁奖礼仪服装共有16款。其中女装15款，分别来自5个系列，每一系列分别按照嘉宾引导员、运动员引导员和托盘员的不同职能，设计3种不同款式。不同系列的礼服，将出现在不同场馆和比赛项目中。因此，在设计过程中也可以考虑不同场馆和比赛项目的因素哦。

学习任务

　　北京奥运会礼仪小姐的服饰，蕴含着深厚的文化与传统理念，服饰的设计对我们具有很强的借鉴意义。请参考"知识卡片"，从颜色、样式、纹样三个角度对北京奥运会礼仪小姐的服饰做出全面的理解，并对每个系列做出一些点评。

北京奥运会礼仪小姐服饰				
服饰系列	服装颜色	重点样式	重点纹样	我的点评
青花瓷				

续表

服饰系列	服装颜色	重点样式	重点纹样	我的点评
宝蓝				
国槐绿				
玉脂白				
粉红				

北京奥运会礼仪小姐服饰

🖋 **知识卡片**

◎ **系列一：青花瓷**

　　"青花瓷"系列礼服的设计灵感来自中国的青花瓷器。此服装以传统的乱针绣，形象生动地展现了青花瓷的晕染效果。同时，优雅庄重的立领、廓形的鱼尾裙，一高一低相呼

青花瓷系列礼服

273

应，突出了中国女性的柔美曲线。将青花瓷系列礼服应用于所有水上项目的颁奖仪式中，可谓是与游泳和跳水运动员的飒爽英姿相得益彰。

◎ 系列二：宝蓝

宝蓝系列礼服以温润端庄的宝蓝色作为主色，以传统金绣制成的腰封为一大亮点，绣上具有吉祥寓意的纹样——海水江崖纹、牡丹花纹，蕴含着鲜明的中国特色和民族风格；中式的立领配以西式的肩部设计，尽显中国女性落落大方的优雅高贵。此系列礼服出现在体操、室内球类比赛和击剑等项目的颁奖现场。

宝蓝系列礼服

◎ 系列三：国槐绿

国槐绿系列礼服以清雅的绿色为主色，体现了与大自然天人合一的美好寓意。中式的立领与西式的肩部设计衬托出东方女性的柔美。立体银线绣制的整朵牡丹，寓意吉祥；卷曲花纹，完美契合女性曲线。此系列礼服出现在自行车、射击、现代五项等项目的颁奖仪式上。

国槐绿系列礼服

◎ 系列四：玉脂白

玉脂白系列礼服采用玉白色的色调，设计了彩绣腰封和玉佩，简单的卷曲花纹呈现了中国尚玉的特点。绿色色彩丰富，层层点缀；牙白色通体流畅，优雅端庄，面料质感高级。两者完美配合，以典雅的"玉文化"彰显了中国女性内敛、含蓄的性格特点。该系列出现在国家体育场（鸟巢）、所有的室外球类比赛以及香港马术比赛中。

玉脂白系列礼服

◎ 系列五：粉红

粉红系列礼服以亮眼奔放的粉红色为主色，展现了中国女性的无限活力与大方气质。宝相花图案的腰饰为一大亮点，它以传统盘金绣工艺制成，精致细腻。同时，微向后展的领部突出了颈部的优美线条与高贵气质。粉色系列礼服主要出现在拳击、举重、摔跤等力量型比赛中。

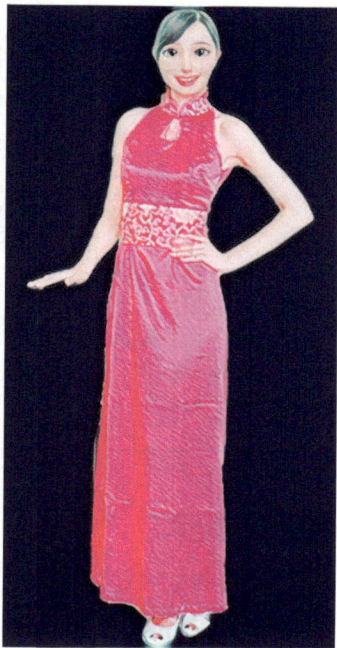

粉红系列礼服

丝博士告诉你

北京奥运会礼仪小姐服饰				
服饰系列	服装颜色	重点样式	重点纹样	我的点评
青花瓷	白色与青色	立领；鱼尾裙	乱针绣所表现出的青花瓷晕染效果	优雅大方；展现了中国传统文化；比较适合出现在……赛事中
宝蓝	宝蓝	金线腰封；中式的立领；西式的肩部设计	腰封上的海水江崖纹与牡丹花纹	
国槐绿	绿色	中式的立领；西式的肩部设计	整朵牡丹；胸前的卷曲花纹	
玉脂白	白色与绿色（绿色为点缀）	彩绣腰封；玉佩	卷曲花纹	
粉红	粉红色	宝相花金绣腰饰；微向后展的领部	宝相花纹	

集思广益

　　恭喜各位小设计师，终于盼来了这个单元的高潮时刻！请以小组为单位进行讨论，调动我们前几节课所学的丝绸服饰的相关知识，在"礼仪小姐服装设计记录表"上记录你们的想法与成果吧。

　　你可以根据表格的顺序，按照以下步骤来进行小组讨论。

①讨论服装的**颜色与样式**：包含服装的主色调（颜色）、别出心裁的吸睛样式（可以是云肩、袖子、腰带、领子、裙摆等等）。

②讨论服装的**重点纹样**：确定纹样来源，可以参考古人的做法，从"云气动物、珍禽异兽、繁花似锦、吉祥祝福"四个视角汲取设计灵感，展现中国传统文化；也可以借鉴上述的实物景象，如现代的高楼大厦、繁华世界，将其抽象为服饰纹样；还可以尽情发挥自己的想象力，但不可毫无根据，要遵循一定的设计理念。

③绘制设计图。

礼仪小姐服装设计记录表	
小组序号与名称：	
小组成员及分工	小组成员：
	分工：
服装名称	
设计理念	
服装主色调以及理由	
服装的重点样式	

续表

礼仪小姐服装设计记录表	
服装的重点纹样与灵感来源	
服装创新点	
设计草图	
最终效果图	

课时 2 礼仪服饰投标会

问题导入

上节课一定诞生了许多优秀的作品，今天的分享课终于迎来了我们正式大显身手的时候！本次展示得分最高的小组将获得"最受欢迎丝绸服饰"的称号，同时你们所设计的服饰将被推选为此次大型赛事的丝绸服饰。让我们共同期待各个设计师的精彩分享吧！

集思广益

每个小组派一名代表，上台展示小组合作完成的丝绸服饰设计图，可以以"礼仪小姐服装设计记录表"为支撑，或自由使用其他演示手段。每个小组展示时间不超过 10 分钟。

在"礼仪小姐服装设计记录表"作为重要参考依据的基础上，本节课采用组间评价和个人评价相结合的方式，同时将量化评价（星级打分）和质性评价相结合（我最喜欢的作品）。

"最受欢迎丝绸服饰"的称号将花落谁家呢？让我们拭目以待！

学生自我评价：

我们的作品：					
星级	1 星	2 星	3 星	4 星	5 星
理念内涵					
美观性					
实用性					
手工					
分享					
评一评：					

我最喜欢的同学作品

姓名：

性别：

我最喜欢的作品序号和名称：

_____

原因：

_____

_____

_____

_____

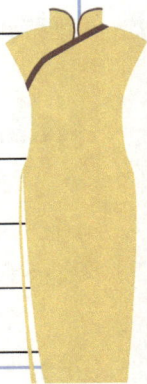

课程已经接近尾声了，同学们觉得收获如何呢？请大家填一填"小组合作评价表"，给自己一个机会，回顾一下自己在这个单元的表现。希望你在表现好的方面继续保持，在略有不足的地方努力加油哦！

小组合作评价表

评价人	评价内容	结果
自我评价	本次课程中我学习到的印象最深刻的知识是什么？	
	我在此次的小组合作中主要承担了哪些任务，完成度如何？	
	我在合作方面表现得好的地方有哪些？	

续表

评价人	评价内容	结果
自我评价	我觉得谁在此次小组合作中的表现最为突出，为什么？	
	后续合作中我想要提升自己的地方有哪些？	
	此次小组分工合理吗？是否存在可以改进的地方？	
他人评价	小组成员对我这次小组合作的表现有什么评价？我有什么可以改进的地方？	
	教师对学生的课堂表现有什么评价？	

📎 项目学习小档案

在这一节中，你学到了哪些知识呢？快用思维导图梳理一下吧！

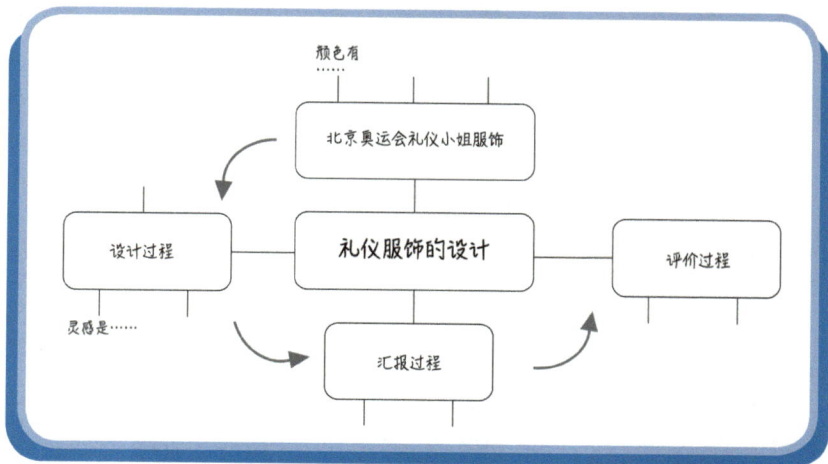

在这一节中，你做成了哪些有意义的事呢？

活动类型	你所完成的事
小组活动	
个人学习	

你对这一单元的学习还有哪些疑问？快点记录下来吧！

问题1：_____

问题2：_____

问题3：_____

锦绣文章

（8 课时）

单元导语

欢迎来到丝绸的文学世界。丝绸除了可以是华丽的衣服、漂亮的装饰品、珍贵的贸易品以外，还是一座文学宝库。它对中国的语言文字、文学创作等都产生了重大的影响。在这里，我们将与你一起从丰富的中国传统文化瑰宝——汉字和诗词当中，去看看不同朝代的丝绸世界，去溯源那些与蚕桑丝织相关的汉字和成语；跟随《诗经》唐诗和古代传说，一窥古代蚕妇织女们的生活与命运；最后，我们将跟随着诗人的脚步一起"重走"丝绸之路，重新感受古老丝绸之路上的风土人情。大家准备好一起去探索丝绸的文化世界了吗？

适用年级

5—7 年级。

项目情境

为了更好地介绍丝绸对中国文学的影响，请与你的同学一起，制作一本以"丝绸与中国文学"为主题的手册。请问你们会怎么设计呢？

核心问题

蚕桑丝织与丝绸之路究竟如何影响了汉字、汉语、成语、诗词等中国传统文化的形成、演变与发展呢？

问题网络图

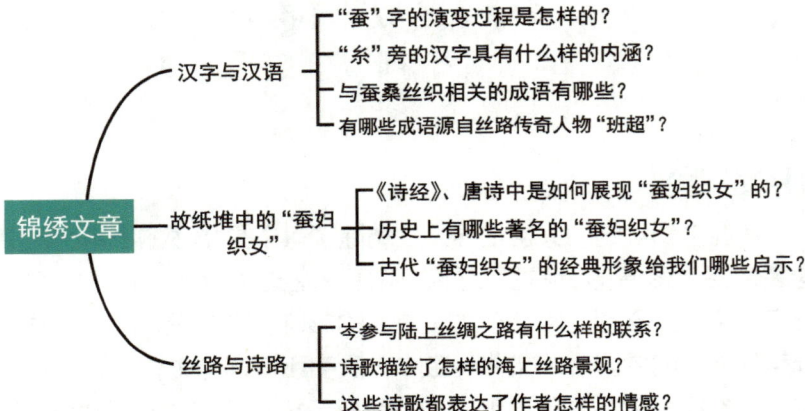

```
                        ┌ "蚕"字的演变过程是怎样的?
                        │
               汉字与汉语 ┤ "糸"旁的汉字具有什么样的内涵?
                        │
                        ├ 与蚕桑丝织相关的成语有哪些?
                        │
                        └ 有哪些成语源自丝路传奇人物"班超"?

锦绣文章                 ┌ 《诗经》、唐诗中是如何展现"蚕妇织女"的?
           故纸堆中的"蚕妇 │
              织女"      ┤ 历史上有哪些著名的"蚕妇织女"?
                        │
                        └ 古代"蚕妇织女"的经典形象给我们哪些启示?

                        ┌ 岑参与陆上丝绸之路有什么样的联系?
               丝路与诗路 ┤ 诗歌描绘了怎样的海上丝路景观?
                        └ 这些诗歌都表达了作者怎样的情感?
```

项目目标

素养目标	人文底蕴、学会学习、责任担当、实践创新、健康生活
具体目标	●探究蚕桑丝织与丝绸之路对汉字、汉语、成语、诗词等中国传统文化在形成、演变与发展的过程中所产生的重要影响和深远意义。 ●理解蚕桑丝织、丝绸之路对于中华文明的不可或缺性,建立文化认同感和民族自豪感。 ●熟练运用思维导图、海报等学习支架,知道戏剧表演的基本流程和技巧。 ●体验自主探究、小组合作的学习过程,进行独立思考和团队协作。

相关学科标准

学科	学科标准内容
语文	（一）识字与写字 熟练使用字典、词典独立识字，会用多种检字方法。累计认识常用汉字 3500 个左右。 （二）阅读 1. 联系上下文和自己的积累，推想课文中有关词句的意思，辨别词语的感情色彩，体会其表达效果。 2. 在阅读中了解文章的表达顺序，体会作者的思想感情，初步领悟文章的基本表达方法。在交流和讨论中，敢于提出看法，做出自己的判断。 3. 诵读优秀诗文，注意通过语调、韵律、节奏等来体会作品的内容和情感。背诵优秀诗文 60 篇（段）。 4. 扩展阅读面。课外阅读总量不少于 100 万字。 （三）口语交际 1. 与人交流时尊重和理解对方。 2. 乐于参与讨论，敢于发表自己的意见。 3. 听人说话时认真、耐心，抓住要点，并简要转述。 4. 表达有条理，语气、语调适当。 （四）综合性学习 1. 为解决与学习和生活相关的问题，利用图书馆、网络等信息渠道获取资料，尝试撰写简单的研究报告。 2. 初步了解查找资料、运用资料的基本方法。
社会	（一）生活的时空 1. 描述世界各大洲、各大洋的分布概况，说明陆地和海洋对人类生存的意义。 2. 描述中国自然和人文环境的总体面貌，了解其基本特征。 3. 描述我国不同地区的自然条件和人文环境特征，比较人们的社会生活和风土人情等方面的特点。 4. 认识地图三要素，知道地图的基本种类，运用地图获取所需要的地理信息。

续表

学科	学科标准内容
社会	（二）社会变迁与文明演进 1. 列举实例，展现古代中国与世界各地的交往，知道中华文明与世界文明相互影响的历史。 2. 讲述中国古代不同时期各民族相互交往的故事，说明统一的多民族国家是由中华各族人民共同缔造的。 3. 评述重要历史人物的功过，恰当地说明他们在历史进程中的作用。

课时安排

第一节　汉字与汉语（4课时）

第二节　故纸堆中的"蚕妇织女"（2课时）

第三节　丝路与诗路（2课时）

第一节　汉字与汉语（4课时）

情境引入

我们常说"蚕桑丝织"，但你知道这四个简单汉字中的玄机吗？你知道"蚕"字为何上面是个"天"，下面是个"虫"？你知道"丝"字的演变历程吗？你能说出多少个与蚕桑丝织相关的成语或俗语呢？

核心问题

1."蚕"字演变的基本过程是怎样的？

2."糸"旁的汉字具有什么样的内涵？

3.与蚕桑丝织相关的成语有哪些？

4.有哪些成语源自丝路传奇人物班超？

核心目标

1.识别"蚕""桑""丝"等字的甲骨文、篆文、隶书、楷书等形态，理解字形的形成背景、形态特色、文化意蕴，并能自主探究其他汉字的演变过程。

2.分辨"糸"旁汉字的原始含义和现代引申义，认识到蚕桑丝织对于汉字形成和演变的重要影响和意义。

3.自主学习和小组合作探究成语的典故，运用场景和背后的蚕桑丝织小知识，在大胆发表自己看法的同时，尊重其他成员的看法，并在一定情境下达成共识。

4.创作人物故事，并对人物进行介绍、剖析与评价。

5.绘制思维导图、海报，表达思想，分享知识。

课时 1 "蚕"字的演变

问题导入

"蚕"字大家都很熟悉,但你有没有想过,"蚕"字为何是上面一个"天"、下面一个"虫"呢?快和你的小伙伴们分享一下你的观点吧。

丝博士告诉你

实际上,中国的文字从最开始的象形文字甲骨文到金文、大小篆,再到隶书、行书、草书、楷书等,经历了漫长的发展过程。而我们今天看到的"蚕"字,已经是经过数千年演变后的简体字了。

学习任务

请认真学习本节课的内容,尝试填写下面的"学习单";同时,仿照下面这张学习单的结构,以"'蚕'字的演变"为主题制作一张介绍海报。

海报要求:

1.包含"蚕"字演变过程中的重要字形,并做出相应的介绍与解释。

2.正确表现"蚕"字的演变过程。

3.表达字形变化的历史原因。

4.制作精美,有个人特色。

5.具有一定的延展性,可以加入一些体现"蚕"或"汉字"特色的符号或元素。

"蚕"字的演变

时间

字体 _____
字体特点 _____

字体 _____
字体特点 _____

构字方式 _____
具体解释 _____

字体 _____
字体特点 _____

字形 _____
形成原因 _____

字体 _____
字体特点 _____

由繁到简

过程：

蚕

海报

◎ 甲骨文中的"蚕"

知识卡片

　　是最古老的"蚕"的汉字写法，这种字体被称为"甲骨文"。

　　甲骨文，又称"契文""殷墟文字"或"甲骨卜辞""龟甲兽骨文"，是商朝晚期形成的一种在龟甲或兽骨上契刻的文字，其主要目的在于"占卜记事"，是中国甚至东亚已知最早的成体系的文字。

集思广益

　　在下面的图中，你会看到十二生肖中前六个动物的甲骨文。你能根据这六个动物的甲骨文写法，尝试推断并写出十二生肖中其他几种动物的写法吗？同时，也请你和小伙伴们思考：甲骨文究竟具有怎样的特点？

鼠	牛	虎	兔	龙	蛇

马	羊	猴	鸡	狗	猪

丝博士告诉你

马	羊	猴	鸡	狗（犬）	猪（豕）

甲骨文有着明显的原始图画痕迹，是一种模仿事物真实形态的"象形"文字形式。不过，甲骨文不是单纯的象形文字，从字体数量和字体结构来看，甲骨文作为一种文字已经发展出了较为严密的体系；汉字的"六书"原则，在甲骨文中都有所体现。

此处的"六书"原则，指的是"指事、象形、形声、会意、转注、假借"。

指事者，视而可识，察而见意，上下是也；

象形者，画成其物，随体诘诎，日月是也；

形声者，以事为名，取譬相成，江河是也；

会意者，比类合谊，以见指㧑（huī），武信是也；

转注者，建类一首，同意相受，考老是也；

假借者，本无其字，依声托事，令长是也。

——（东汉）许慎《说文解字》

🔖 **集思广益**

那么，你知道为什么文字学家们能够确定🐛表示的是"蚕"而不是其他虫子呢？和同学们一起讨论一下吧。

🔖 **丝博士告诉你**

这是因为专家们发现，目前出土的西周玉蚕和骨蚕文物在形态上与甲骨文中的"蚕"字高度相似。此外，可以看出，甲骨文中的"蚕"字是对蚕背部纹理的一种形态模拟，而其上有眼状斑纹、"×"纹、"∧"纹等纹理，这与江浙地区斑目蚕种、汉口赭蚕种、大安桥蚕种的背部纹理是一致的。

◎ 篆文中的"蚕"

🖋 知识卡片

甲骨文之后，篆文取而代之，并在周朝成为书体的主流。篆文是大篆和小篆的统称。秦始皇统一六国后，推行"书同文、车同轨"的政策，采用小篆作为统一文字形式。

🖋 集思广益

结合"蚕"字在小篆中的写法，你觉得小篆相较于甲骨文有哪些不同的地方？和同学们一起讨论一下吧。

"蚕"的小篆写法

🖋 丝博士告诉你

汉字发展到小篆阶段，象形的意味逐渐削弱，文字开始符号化和规范化，帮助人们减少了书写和认读方面的难度。而秦王朝使用经过整理的小篆来统一全国文字，更是对中国文字的发展起到了重要的作用。

🖋 集思广益

请结合图片，以小组为单位讨论：为什么篆文中这样写"蚕"？

：篆文中的"朁"，本意表出乎意料，用作副词，读音为"cǎn"。

：篆文中的"虫"。

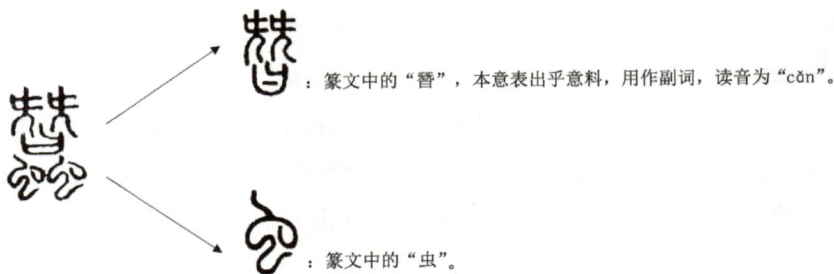

篆文"蚕"字的分解

🌿 丝博士告诉你

汉字的"六书"原则中，有一种构字方式为"形声"。形声属于"合体造字法"。形声字一般由两部分组成：形旁和声旁。形旁指示字的意思或类属，声旁则表示字的相同或相近发音。而"蚕"的小篆写法很明显，上半部的"朁"表音，下半部的"虫"表义。而在《说文解字》中，对"蠶"字的解释是这样的。

《说文解字》："蠶，任丝也。从，朁声。"

注释：任，同"妊"，即怀孕的意思。

翻译：蠶，指的是孕着丝的虫子；发音和"朁"声相似。

◎ 隶书与楷书中的"蚕"

🌿 知识卡片

在小篆产生的同一时期，另一种字体也逐渐形成，那就是隶书。隶书在篆书基础上加以简化，又将小篆圆劲均匀的线条变为平直方正的笔画，使其便于书写。从书写效果上看，隶书的形态略微宽扁，横画长而直画短，讲究"蚕头燕尾""一波三折"。

小篆和隶书实际上是两个系统，标志着汉字发展的两大阶段。小篆是象形体古文字的结束，隶书是改象形为笔画化的新文字的开始。

——吴白匋《从出土秦简帛书看秦汉早期隶书》

集思广益

这里有个形容隶书书写效果的成语，叫作"蚕头燕尾"。你可以从隶书中"蚕"字的图片出发，结合自己对"蚕"和"燕"的认识和了解，猜一下这个成语是什么意思。

"蚕"的隶书写法

丝博士告诉你

蚕头燕尾：出自宋徽宗赵佶的《宣和书谱·颜真卿》："惟其忠贯白日，识高天下，故精神见于翰墨之表者，特立而兼括。……后之俗学，乃求其形似之末，以谓蚕头燕尾，仅乃得之。"后用来形容书法起笔凝重，结笔轻疾。

隶书中的"蚕头"和"燕尾"

🖋 **知识卡片**

　　楷书由隶书演变而来，横平竖直，更趋简化。《辞海》形容其"形体方正，笔画平直，可作楷模"。而这种端正的字体也一直延续至今，成了现代通行的汉字手写正体字。

　　按照历史时期，楷书又可以被分为魏碑和唐楷。魏碑指的是魏、晋、南北朝时期的书体，它更偏向于一种从隶书到楷书的过渡书体；而唐楷指的是唐朝以后逐渐成熟起来的楷书，这也是我们一般狭义上的楷书，楷书四大家"欧颜柳赵"就都是唐楷的书法家。

　　　　"欧颜柳赵"分别指的是：（唐）欧阳询、（唐）颜真卿、（唐）柳公权、（元）赵孟頫。

🖋 **集思广益**

　　这两张图中"蚕"的隶书和楷书体都沿用了小篆的字形，但是我们可以很明显地看出，繁体的楷书基本上完全遵循了篆文的写法，而隶书则是一种"异体字"的写法。那么，你知道为什么会有这种异体字的出现吗？异体字与繁体字又有何不同呢？以小组为单位讨论一下吧。

楷书（繁体）　　隶书（异体字）

繁体和异体的"蚕"字

丝博士告诉你

异体字，不同于繁体字，它是某个字在正体之外，字音和字义相同而字形不同的一种写法。异体字的形成原因也各有不同。此处，隶书的蠶可以认为是"蚕"字简化过程中所产生的异体字。

◎ 由繁到简

集思广益

繁体的"蠶"究竟是如何一步一步地变为今天的"蚕"呢？和同学们分享你的想法。

丝博士告诉你

实际上，"蚕"这个字很早就存在了。《尔雅·释虫》中就指出："蝝蚓，蚕（qiǎn）蚕。"也就是说，"蚕蚕"最初是蚯蚓的别名，此处的"蚕"也不读"cán"，而是读"tiǎn"。

而"蠶"在简化成"蚕"时，经历了较为复杂的讹变和省变。

知识卡片

讹（é）变：在漫长的汉字发展过程中，出于字体变迁、传抄错误等原因产生了一些错别字。但这些错别字并没有被纠正，而是被后人沿用，以讹传讹、习非成是，最终取代了原来的字体，这种现象就被称为"讹变"。

省（shěng）变：在汉字发展过程中逐渐省略某些汉字结构，达到简化效果的一种现象。

集思广益

请以小组为单位，仿照图片，以画图的形式展现出你和你的小组成员所猜测的"蠶"的"讹变"或"省变"过程。

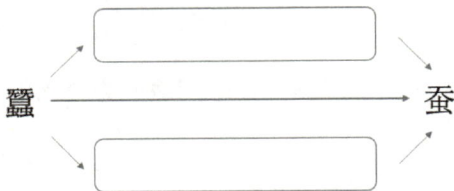

蠶 ⟶ 蚕

"蚕"的简化过程

丝博士告诉你

1."蠶"首先省略了中间的"曰"和下部的一个"虫"字，省变为"蝅"；之后，"蝅"上部的两个"旡"讹变为"天"，便成"蚕"字。

2."蠶"首先将上部的两个"旡"形讹变为两个"天"，成为"蠶"；然后，省略中部的"曰"和下部的一个"虫"字，便成了"蚕"字。

这两种变化殊途同归，都形成"蚕"字。由"蚕"再省略其

上部的两个"天"为一个"天"，最后形成"蚕"。故而现以"蚕"为"蠶"的简体字。

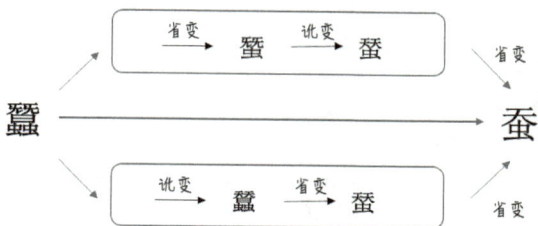

"蚕"的简化过程参考图

🖋 **拓广探索**

你能从"蚕"字的演化规律中举一反三，推测出其他字的演化规律吗？

图片中是"桑"的甲骨文、篆文和楷体的写法，而它们写法的形成和演变背后可能会有怎样的原因呢？请把你的猜想写在右边的方框内。

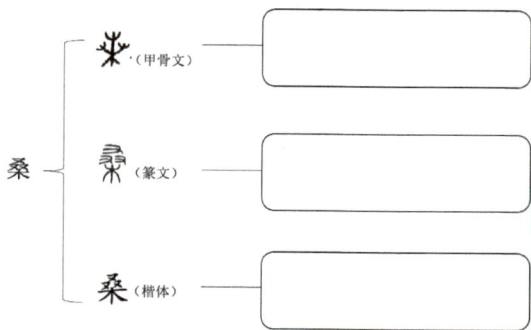

"桑"字的演化

注 释：

彐："又"和"右"的篆文写法，原表"右手"之义，后引申为方位词。

丝博士告诉你

	甲骨文 	甲骨文以生长着许多柔软细枝的树形来指代"桑"。在用法上，一种用法表示桑树、桑林和采桑等，反映了商朝的蚕桑生产；另一种用作人名和地名，间接地反映了商朝的蚕桑产地，如八桑。
桑	小篆 	在小篆字体中，"桑"两侧的枝叶与树形脱离，上部似"屮"形。从这里也可以看出小篆逐渐摆脱了象形而走向符号化。
	楷体	楷体的"桑"，上部为"叒"。清代学者张文虎在《舒艺室随笔》中认为："叒本象叶重沓之貌。桑以叶重，枚从叒，象形。"也有人认为，这三个"又"字表示的是"许多手在摘桑叶"。古代的"又"字表示"右手"，这也反映了桑树叶在养蚕上的作用，因此必须用手去摘。

动手实践

请写一写甲骨文体、篆体、楷体、隶书等字体的"蚕"字吧！

成长日记

经过了本节课的学习，你发现了汉字的演变规律是：＿＿＿＿＿＿

＿＿＿＿＿＿＿＿＿＿＿＿＿＿＿＿＿＿＿＿＿＿＿＿＿＿＿＿

＿＿＿＿＿＿＿＿＿＿＿＿＿＿＿＿＿＿＿＿＿＿＿＿＿＿＿＿

＿＿＿＿＿＿＿＿＿＿＿＿＿＿＿＿＿＿＿＿＿＿＿＿＿＿＿＿

＿＿＿＿＿＿＿＿＿＿＿＿＿＿＿＿＿＿＿＿＿＿＿＿＿＿＿＿

＿＿＿＿＿＿＿＿＿＿＿＿＿＿＿＿＿＿＿＿＿＿＿＿＿＿＿＿

＿＿＿＿＿＿＿＿＿＿＿＿＿＿＿＿＿＿＿＿＿＿＿＿＿＿＿＿

＿＿＿＿＿＿＿＿＿＿＿＿＿＿＿＿＿＿＿＿＿＿＿＿＿＿＿＿

课时 2 汉字中的"糸"字旁

问题导入

据我国古文字学家于省吾所说，在 4000 多个不重复的甲骨文字中，能识出字义的还不超过 1000 个字；而在这 1000 个字里，与蚕桑丝直接相关的文字就有 153 个。由此也可以看出，从商朝开始，蚕桑丝织就是人民生产生活中十分重要的内容。那么，你知道在汉字的演变中，"蚕""桑""丝"中的哪个字对汉字的字形与演变影响最大吗？

丝博士告诉你

古往今来，所有与"蚕""桑""丝"有关的汉字中，"丝"的影响最为深远。在东汉的《说文解字》中，"糸"旁的字有 268 个；在清代的《康熙字典》中，"糸"旁的字有 380 个字；而现代《辞海》中共有 316 个以"糸"为偏旁的字（包括繁简体）。

◎ 丝和"糸"（mì）的关系

集思广益

请结合图片，以小组为单位讨论："丝"和"糸"究竟有什么关系？

金文	篆文	隶书	楷书	简体
𢇁	絲	絲	絲	丝

金文	篆文	隶书	楷书	简体
𢆶	帛	糸	糸	纟

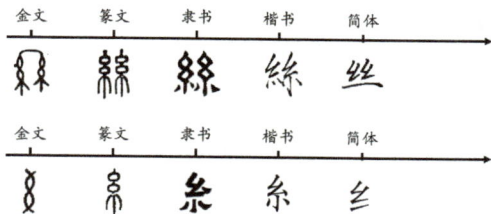

丝博士告诉你

　　甲骨文中的"糸"表示"细丝"，而"丝"字就是两把蚕丝（"糸"）扭在一起的形状。楷书（繁体）的"絲"字，仍是由两个"糸"字组成的，左部的"糸"写作"糹"。"糸"作偏旁简化成"纟"，故"絲"也简化为"丝"。

拓广探索

　　学习了上面的知识，你能完成下列这道连线题吗？快来试一试吧！

𦇚	络	
本义：把丝弄断。		
絅	绮	
本义：缠绕，捆缚。		形声
緣	素	
本义：古时衣服的边饰。		
纓	绝	
本义：系在脖子上的帽带。		会意
綺	缘	
本义：细绫，有花纹的丝织品。		
素	缨	
本义：没有染色的丝绸。		

丝博士告诉你

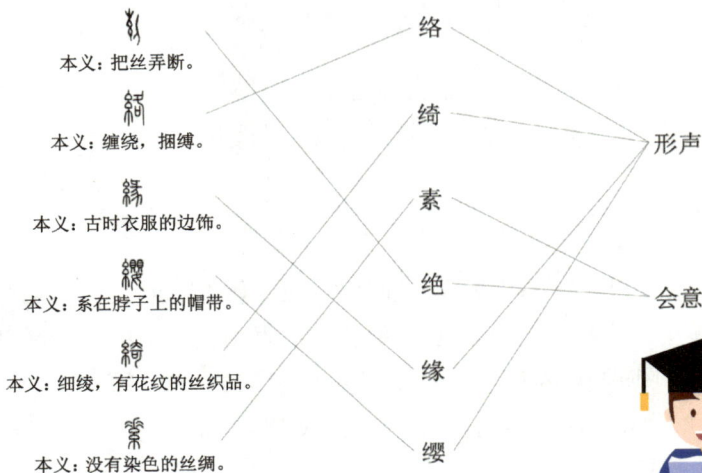

本义：把丝弄断。

本义：缠绕，捆缚。

本义：古时衣服的边饰。

本义：系在脖子上的帽带。

本义：细绫，有花纹的丝织品。

本义：没有染色的丝绸。

络

绮

素

绝

缘

缨

形声

会意

拓广探索

你能想出多少个"纟"旁的汉字呢？大家一起来比一比吧！

丝绸工艺与服饰	
丝绸品种	
颜色名称	
其他引申文字	

丝博士告诉你

丝绸工艺与服饰	示例：缫、经、纬、绣、纺、继、续、编、组
丝绸品种	示例：缯、纨、绫、缟
颜色名称	示例：绿、红、紫、绀、绛、缩、绯
其他引申文字	示例：纸、绥

集思广益

接下来，让我们进入一个新任务——制作"汉字树"。在这个任务中，以小组进行活动，各组将阅读"知识卡片"中对某个汉语词语的释义，探索词语的原始含义和现代的延伸义。

要求：每个同学可以开动脑筋，从"知识卡片"中选择一个词语，用画"汉字树"的形式在方框中完成这个词语的溯源任务，最后我们将进行小组内部的分享。

示例：

现多用来形容女子的身材、身体部位细长柔美，或形容事物细微。

三月蚕始生，纤细如牛毛。
——（元）赵孟頫《题耕织图》诗之十五

细：原指"微小的丝"。后来与"大"和"粗"相对，形容事物小而微。

纤：原指"细纹丝帛"。
被文服纤，丽而不奇些。
——（战国）屈原《楚辞·招魂》

纤细

"纤细"一词的汉字树

我选择的词语是：_____

📗**知识卡片**

　　组织（組織）：现表多义，其中一义指安排分散的人或事物使具有一定的系统性或整体性。[①] 其中，"组"字的本义作动词，是"用丝编织"，如《诗经·邶风》中写的"有力如虎，执辔（pèi）如组"；而"组"作为名词时，指的是"华美的宽丝带，古代可用作系冠或佩玉"。"织"最初的意思是"用丝、棉、麻、毛等制成的布或衣物"，是"布帛"的总称。在古代，"组"与"织"合在一起意为"纺织"，如《辽史·食货志上》曰："饬（chì）国人树桑麻，习组织。"

　　纨绔（紈綺）：泛指富家子弟的华美衣着，也借指富家子

---

① 中国社会科学院语言研究所词典编辑室.现代汉语词典 [M]. 7 版.北京：商务印书馆，2016：1750.

弟。① 其中，"纨"本义指细的丝织品，"绔"则指古人穿的裤子。因此，"纨绔"本义是古代富贵人家子弟所穿的细绢裤。杜甫《奉赠韦左丞丈二十二韵》曰："纨绔不饿死，儒冠多误身。"

经纪（經紀）：筹划并管理（企业）；经营。② "经"的本义是织物的纵线，与"纬"相对；"纪"的本义则是找出散丝的头绪。韩愈《柳子厚墓志铭》曰："既往葬子厚，又将经纪其家，庶几有始终者。"

总统（總統）：某些国家的元首的名称。③ 其中，"总"的繁体字是"總"，将八十根丝聚合成一束在古代便被称为"總"；而"统"最初的意思是"丝绪的总束"。《淮南子·泰族训》曰："茧之性为丝，然非得工女煮以热汤而抽其统纪，则不能成丝。"（茧子若没有经过工女用热水煮后抽取、总束，就不能成丝。）

机构（機構）：现表多义，其中一义指机关、团体等工作单位，也指其内部组织。④ 而这个词的原义是织机的结构，其中"机"的繁体"機"就是一台织机的形象："木"字旁表示织机以木为材制作；右下侧的"戌"，正是织机机架的侧视图；而右上是两绞丝"幺"，表示织机上装经的经轴是在织机的顶上。可以说，汉字中的"机"字最初指的就是丝织机。而"构"的繁体"構"的金文写法仿照了屋架两面的对构形，其本义是架木造屋。

---

① 中国社会科学院语言研究所词典编辑室.现代汉语词典[M].7版.北京:商务印书馆，2016：1346.

② 中国社会科学院语言研究所词典编辑室.现代汉语词典[M].7版.北京:商务印书馆，2016：685.

③ 中国社会科学院语言研究所词典编辑室.现代汉语词典[M].7版.北京:商务印书馆，2016：1745.

④ 中国社会科学院语言研究所词典编辑室.现代汉语词典[M].7版.北京:商务印书馆，2016：599.

📝 成长日记

在本节课中，你印象最深的"糸"旁汉字／词语是_____，理由是：_____

_____

_____

_____

_____

课时3 成语中的"蚕桑丝织"

问题导入

"蚕桑丝织"不仅影响着汉字的形成与汉语的内涵，同时还影响了中国传统文化的一大特色词汇——成语。众人皆说，成之于语，故曰"成语"。而与蚕桑丝织相关的成语，你知道哪些？你能说出它们背后的典故和含义吗？

合作任务

欢迎来到"成语交流会"！在这里，每个小组可以选择一个成语，并充分利用"知识卡片"中的材料制作"成语小海报"。

海报要求：

1.内容包括下列材料中提供的四部分内容，并根据小组的自主探究进行内容添加。

2.用你们认为合适的艺术字来书写这个成语。

3.用思维导图等方式解释这个成语字面的意思。

4.绘制一个场景或讲述一则故事，来展示应该如何运用这个成语。

任务评价（同伴互评）：

海报美观度 （10分）	内容丰富度 （10分）	讲解清晰度 （10分）	总分 （30分）

知识卡片

◎ 丝丝入扣

1. 释义

形容每一步都做得十分细腻准确（多指文章、艺术表演等）。①

2. 该成语中的"蚕桑丝织"小知识

丝丝，指每一根丝；扣，指织机上的主要机件之一，也作"筘"（kòu）。织布时每条丝线都要从筘齿间穿过。

3. 典源

清小说《野叟曝言》第二十七回曰："此为丝丝入扣，暗中抛索，如道家所云三神山舟不得近，近者辄被风引回也。"

4. 补充材料

早在 3000 年以前，古人在织布时就对布的长度和宽度做了严格的规定，例如宽度的标准是二尺二寸（约合今 50 厘米）。而古代是用什么方法和工具来达到这一要求的呢？原来，古代织匠从梳头的木梳受到了启发：木梳有一根根齿，可以把凌乱的头发梳理得整整齐齐。织匠们根据这个经验，便在织机上做成一把大"梳子"，固定在两根木条当中，让经线一根根拍着穿入梳齿，经线的排列有了一定宽度，布幅就可以保持稳定。相当于"梳子"叫作"筘"的部件。筘也就是扣的意思，因为部件多用竹子制成，所以"扣"上加了"竹"字头。

---

① 中国社会科学院语言研究所词典编辑室. 现代汉语词典 [M]. 7 版. 北京：商务印书馆，2016：1235.

筘的实物图

人们看到使用筘的织机，经线一根根排列从筘中通过，印象很深。渐渐地，"丝丝入扣"演变为成语，进入人们的语言里。

◎ 错综复杂

1. 释义

形容头绪繁多，情况复杂。[①]

2. 该成语中的"蚕桑丝织"小知识

综：原指织布机上使经线上下交错以受纬线的一种装置，后引申为聚总、治理、归纳等寓意。

3. 典源

《易经·系辞上传》："参伍以变，错综其数。"

4. 补充材料

"综"的作用在于铺设经线，上千根经线按照设计程序从综丝里穿过，汇聚在综片上，综片提升时，经线也会随之被抬起，形成一个开口。其中，一片综片控制一根纬线，有的织机经线密度较小，经线容易提起，易于开口，因此甚至可以同时拥有 120多片综片。

---

① 中国社会科学院语言研究所词典编辑室.现代汉语词典 [M]. 7 版 .北京：商务印书馆，2016：229.

"综"的实物图

◎ 作茧自缚

1. 释义

比喻做了某事，结果反而使自己受困。[①]

2. 该成语中的"蚕桑丝织"小知识

茧：蚕在经历变态发育的过程中，会吐丝作茧，并把自己裹在丝里面。

3. 典源

人生如春蚕，作茧自缠裹。

——（宋）陆游《剑南诗稿·书叹》

[①] 中国社会科学院语言研究所词典编辑室 . 现代汉语词典 [M]. 7 版 . 北京：商务印书馆，2016：1756.

烛蛾谁救护，蚕茧自缠萦。

——（唐）白居易《江州赴忠州至江陵已来舟中示舍弟五十韵》

◎ 化干戈为玉帛

1. 释义

指把战争或争斗变为和平、友好。[①]

玉帛：玉器和丝织品，在此引申为重修于好、礼尚往来的意思。

干戈：兵器，借指战争或者争斗。

2. 该成语中的"蚕桑丝织"小知识

帛：此字始见于甲骨文，古字形上"白"下"巾"，"白"兼表音，本义为一种白色的丝织品，后作为"丝织品的总称"。

3. 典源

《淮南子·原道训》曰："昔者夏鲧作三仞之城，诸侯背之，海外有狡心。禹知天下之叛也，乃坏城平池，散财物，焚甲兵，施之以德，海外宾服，四夷纳职，合诸侯于涂山，执玉帛者万国。"

译文：从前夏部落的首领鲧（gǔn）建造了三仞（八尺为一仞）高的城池来保家卫国，（但是）大家都想离开他，别的部落也对其虎视眈眈。后来鲧的儿子禹当了首领，明白了天下人对其的离叛之意，就拆毁城墙，填平护城河，分发财物，焚毁兵器，用道德来教导人民。于是大家无不臣服，别的部落也愿意来归附。禹在涂山开首领大会时，来进献玉帛珍宝的部落首领就达上万。

---

① 中国社会科学院语言研究所词典编辑室.现代汉语词典 [M]. 7 版.北京：商务印书馆，2016：562.

◎ 衣锦还乡

1. 释义

古时指做官以后，穿了锦绣的衣服，回到故乡向亲友夸耀。[①]

2. 该成语中的"蚕桑丝织"小知识

锦：用彩色经纬丝织成的纺织品，后泛指有彩色花纹的丝织品，在相当长的时期里是中国古代丝织品中声誉最隆的高档品种。

3. 典源

《史记》记载，楚霸王项羽攻占咸阳后，有人劝他定都关中，但项羽乡土观念很浓厚，说："富贵不归故乡，如衣锦夜行，谁知之者！"

唐代李延寿《南史·刘之遴传》中写道："武帝谓曰：'卿母年德并高，故令卿衣锦还乡，尽荣养之理。'"

4. 补充材料

锦十分华丽，因此当时的人们都对它十分看重。帝王是锦的主要占有者，常常将锦作为恩赏赐予重臣，如隋文帝和唐玄宗分别把锦赏赐给杨素和安禄山。由于锦用多种丝线织绣而成，往往绚丽多彩、耀眼夺目，因而人们常常以锦和绣来形容美好的事物，如"锦上添花""锦绣前程""锦绣河山"。

◎ 青出于蓝

1. 释义

比喻学生胜过老师，后人胜过前人。[②]

---

① 中国社会科学院语言研究所词典编辑室.现代汉语词典 [M].7 版.北京：商务印书馆，2016：1541.

② 中国社会科学院语言研究所词典编辑室.现代汉语词典 [M].7 版.北京：商务印书馆，2016：1060.

2. 该成语中的"蚕桑丝织"小知识

青：靛青，青色颜料。蓝：蓼蓝，一种可以提炼颜料的草。靛青是从蓼蓝里提炼出来的，但是颜色比蓼蓝更深。

3. 典源

《荀子·劝学》曰："青，取之于蓝，而青于蓝；冰，水为之，而寒于水。"

4. 补充材料

"蓝草"是对能够生产靛青染料的植物的统称。目前，考古研究发现，最早使用靛青染色的实物是 4300 多年前埃及木乃伊的裹尸布。也有学者认为，古印度人可能是最早种植蓝草并将其用作染料的民族，因为靛青的英文写法"Indigo"的前缀"Indi"就来自"India"（英文中的"印度"）。

而据史料记载，我国在夏朝就种植蓝草，到周朝，蓝草的种植和染色已经相当普及。《诗经·小雅·采绿》中就有"终朝采蓝，不盈一襜（chān）"的描写。

🖋 成长日记

请分享一下成语海报，并评价一下自己的表现吧。

我在海报制作和展演中的贡献：

我们小组海报的优点与缺点：

成语交流会

我对其他组员的评价：

其他小组海报可供学习的地方：

成语交流会

课时 4　成语中的"丝路传奇"

问题导入

丝路多英雄，英雄多传奇；而当传奇被世人传颂，便成了一个个成语。下面，就让我们通过流传至今的成语来认识班超这一丝路上的英雄吧！

学习任务

班超（32—102），字仲升，东汉时期著名军事家、外交家。请思考一下，《后汉书·班超传》的这段文字说明了班超怎样的志向。

> 永平五年，兄固被召诣校书郎，超与母随至洛阳。家贫，常为官佣书以供养。久劳苦，尝辍业投笔叹曰："大丈夫无他志略，犹当效傅介子、张骞立功异域，以取封侯，安能久事笔砚间乎！"左右皆笑之。超曰："小子安知壮士志哉？"
>
> ——（南朝）范晔《后汉书·班超传》

丝博士告诉你

从上面的文字中可以看出，班超希望能弃文从武、投身疆场、建功立业、一展抱负。文中的傅介子、张骞都是西汉时期著名的外交家，二人都通过丝绸之路出使西域，最终为国建功。

这段文字还引申出一个成语——投笔从戎，现在用以形容文人参军、为国立功。比如，大家如果以后在读大学的时候去参军，也可以说是投笔从戎。

而班超最终实现了自己的愿望。他在 40 岁时随窦固出击北匈奴，又奉命出使西域。在 31 年的时间里，收服了西域 50 多个国

家，为西域的回归做出了巨大贡献。班超官至西域都
护，封定远侯，世称"班定远"。

集思广益

班超究竟是如何立功西域、封侯万里的呢？在这 31 年中，又
发生了哪些传奇故事，留下了哪些传世佳话呢？

请以小组为单位，阅读"知识卡片"中有关班超的成语或典故，
通过分析其背后的故事，探讨班超究竟是个怎样的人。

要求：

1. 小组内每人选取一个成语或典故进行精读，根据成语故事来
推测成语的含义，分析人物的特点，并将其写在下方的表格中。

2. 在每张表格的地图中圈出故事发生的地点。

3. 所有人完成后，在组内进行分享，并共同完成下列两个小
任务。

小任务 1：

将图片空格处的地名补充完整。

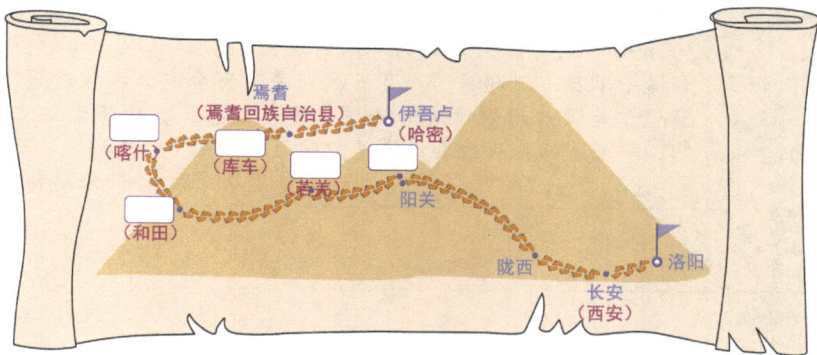

班超出使西域路线图

小任务2：

思考题：班超对丝绸之路有怎样的贡献呢？

_____

_____

_____

_____

_____

知识卡片

成语一	不入虎穴，焉得虎子
成语故事	永平十六年（73年），班超出使鄯善国。起初鄯善王盛礼相待，之后却忽然怠慢起来。班超察觉这点之后，意识到是因为匈奴的使者也来到了鄯善国，鄯善王听信他们的游说而怠慢汉使。 　　于是，班超和属下说："不入虎穴，不得虎子。当今之计，独有因夜以火攻虏使（匈奴使者），彼不知我多少，必大震怖，可殄（tiǎn）尽也。灭此虏，则鄯善破胆，功成事立矣。"下属都齐声说："好。"于是，当天晚上班超就带领30名士卒到匈奴使者的馆驿顺风纵火，前后鼓噪。匈奴使者措手不及，班超亲手杀了3人，另有百余匈奴人被烧死。班超于是带着匈奴使者的头颅去觐见鄯善王，国王大惊失色，举国震怖，从此表示愿意归顺大汉朝廷。[①] 　　　　　　　　——（南朝）范晔《后汉书·班超传》
成语含义	
人物特点	

————————
① 本部分的成语故事，皆为白话译文。

318

续表

故事 发生地	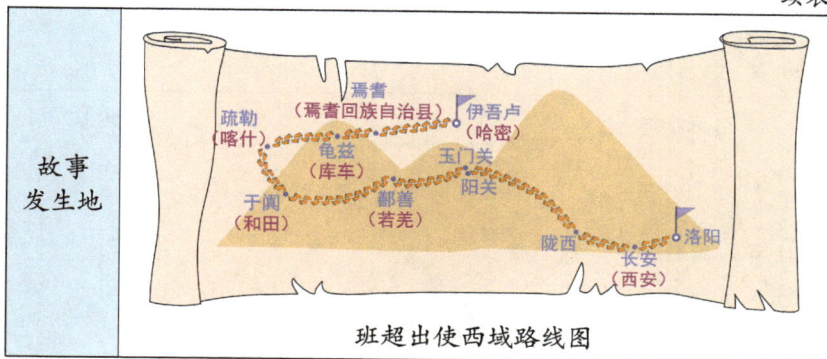 班超出使西域路线图

成语二	以夷制夷
成语 故事	建初五年（80年），班超上书汉章帝，分析西域各国形势及自己的处境，提出了平定西域的主张。他说："先帝欲再通西域，所以往北进击匈奴，向西域派出使者，鄯善国和于阗国因而归附我大汉。现在莎车、疏勒、月氏、乌孙等国也愿意归顺汉朝，同心协力，共灭龟兹，彻底疏通西域与汉朝的通道。如果我们攻下了龟兹，那么西域尚未归服的国家就屈指可数了。……西汉的人都说只要打通西域36个国家，就能折断匈奴的右臂。……现在我们应该封龟兹国的侍子（古代属国王或诸侯会遣子入朝陪侍天子，所遣之子便称"侍子"）白霸为龟兹国王，派一队步骑兵护送他回来，与其他各属国军队联合作战。要不了多久，就可以擒获现在的龟兹王。用夷狄来攻夷狄，这是最好的计策啊！……而且，姑墨、温宿二国的国王都是龟兹国册立的，不是那两国的本族人，这必然使两国的（民众与上层间）相互对立、厌弃，最终势必导致反叛和出降；如果这两国归降我们，那么龟兹自然就可以攻破了。……臣下区区之身，承蒙上天庇佑，希望能够亲眼看到西域平定，陛下举起酒杯，向祖庙报功、向天下宣布喜讯的日子。" ——（南朝）范晔《后汉书·班超传》
成语 含义	

续表

人物特点	
故事发生地	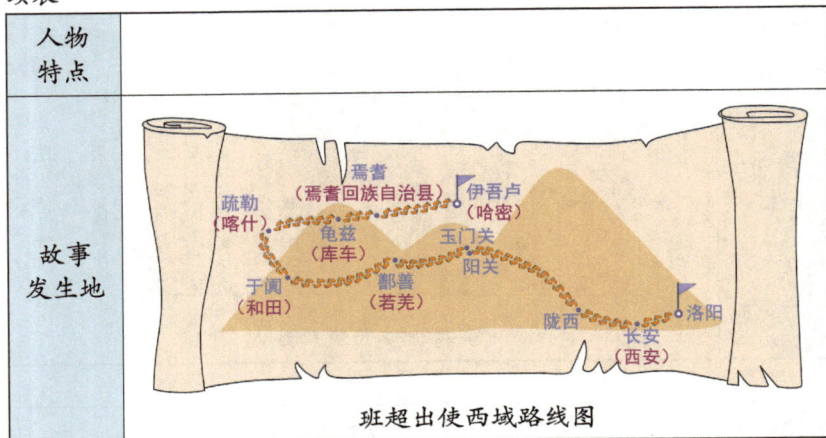 班超出使西域路线图

成语三	三至之谗
成语故事	建初八年（83年），汉章帝派遣了卫侯李邑护送乌孙使者。李邑走到于阗时，恰逢龟兹进攻疏勒，他吓得不敢再前行。为了掩饰自己的怯懦，他上书朝廷，说平定西域劳而无功；又说班超拥妻抱子，在国外享受安乐，无心考虑国内的事情。班超听闻后叹息不已，说："我比不上曾参却有三至之谗，恐怕现在有不少人怀疑我了。"于是，他毅然将妻子送回了中原。汉章帝深知班超一心为国，于是下诏严责李邑："如果班超拥妻抱子，只知享乐，那么思乡心切的一众将士，又怎能都跟他同心同德呢？"汉章帝命李邑接受班超调度，并让班超根据情况决定是否让李邑留在西域。 班超当即让李邑带着乌孙使者回京。有人劝班超："李邑之前毁谤你，企图让你平定西域的功业失败，现在为什么不遵循陛下的旨意把他留下来，另派他人护送侍子呢？"班超说："正因为李邑毁谤我，所以我现在才派遣他回国。我问心无愧，还怕别人议论什么呢？如果是为了泄私愤、图快意而把他留下来，这就不是忠臣之举。" ——（南朝）范晔《后汉书·班超传》
成语含义	

续表

人物特点	
故事发生地	班超出使西域路线图

典故	生入玉门关
典故故事	永元十二年（100年），班超上书说道： "臣听闻太公（姜子牙）封于齐地，但自他开始直至五代，死后都会返葬周地；狐狸临死时，还尽力将脑袋朝向丘窟；代郡的马到了南方，仍旧依恋北风。周、齐两地不过千里之间（尚且如此），而我身在万里之外，又怎能没有依恋北风、头向故土的思念呢？蛮夷的风俗，畏壮而欺老。臣如狗马衰老齿尽，时常害怕年老体衰，忽然死去，孤独的灵魂被抛弃异乡。昔日苏武留困匈奴长达19年，而今臣有幸能够持奉符节，带金印、银印监护西域，如果我能终老于所驻之地，确实无所遗恨；然而恐怕后世有人说我是在西域兵败而死的。臣不敢望到酒泉郡，但愿生入玉门关！臣衰老多病，斗胆妄言。请派我的儿子班勇随着献礼的队伍进入边塞。趁臣还活着的时候，让班勇亲眼看看中原。"表书上奏后，汉和帝被他的话所感动，于是调班超回汉。 ——（南朝）范晔《后汉书·班超传》
典故含义	

续表

人物特点	
故事发生地	班超出使西域路线图

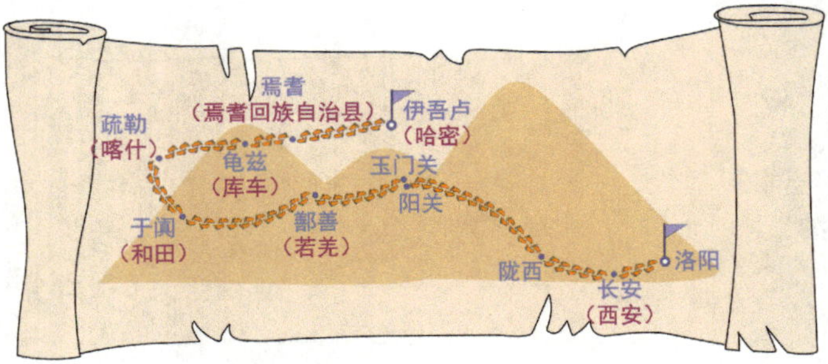

班超出使西域路线图

🪶 **学习任务**

在上完今天的课后，请为班超写一段不少于600字的人物小传。要求：

1. 标题自拟。

2. 运用今天讲过的所有成语。

3. 出现今天学习过的三个以上的关键地名。

4. 对班超的一生进行评价。

5. 探讨"班超精神"对于今天中国的意义。

项目学习小档案

在这一节中，你学到了哪些知识呢？快用思维导图梳理一下吧！

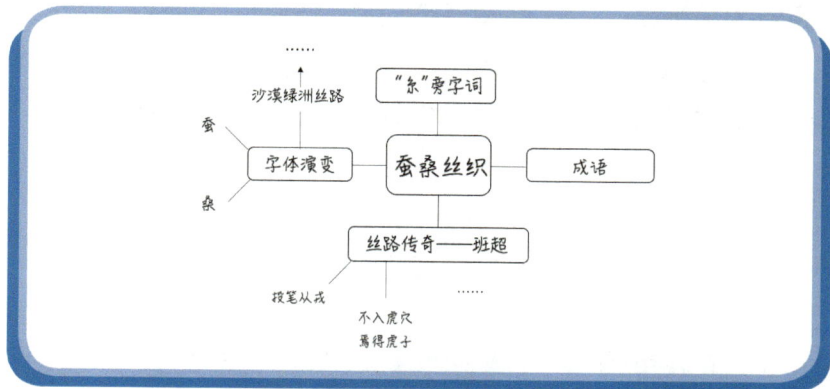

在这一节中，你做成了哪些有意义的事呢？

活动类型	你所完成的事
小组活动	
个人学习	

第二节 故纸堆中的"蚕妇织女"（2课时）

情境引入

你知道哪些"蚕妇"或"织女"呢？你知道她们的命运怎样吗？如果你身处古代，你愿意成为一名普通的"蚕妇"或"织女"吗？

核心问题

1.《诗经》、唐诗中的"蚕妇织女"是怎样的？
2. 历史上有哪些著名的"蚕妇织女"？
3. 古代"蚕妇织女"的经典形象给我们哪些启示？

核心目标

1. 阅读《国风·豳风·七月》和《采桑女》两首诗歌，对比两首诗歌中的"采桑女"形象，体悟古代各个时期蚕妇织女们不同而又相似的命运。
2. 认识并理解古代劳动人民的悲惨命运。
3. 认识西施、孟母、苏蕙、秋胡妻等古代著名的蚕妇织女们，以小组合作海报的形式分享她们的故事。
4. 小组进行合理分工，倾听同伴的建议。

课时1 古代诗歌中的"蚕妇织女"

问题导入

七月火星向西沉，夏去秋来，寒天将至，九月妇女缝寒衣。春天阳光暖融融，黄鹂宛转唱着歌。姑娘提着深竹筐，一路沿着小道走，伸手采摘嫩桑叶。春来日子渐渐长，人来人往采白蒿。姑娘心中好担忧，害怕遇上公子哥。

七月火星向西沉，夏去秋来，寒天将至，八月要把芦苇割。三月修剪桑树枝，取来锋利的斧头，砍掉高高长枝条，攀着细枝摘嫩桑。七月伯劳鸟声声叫，八月纺织忙不停。染布有黑又有黄，我的红色最鲜亮，献给公子做衣裳。①

这是《诗经》中《国风·豳（bīn）风·七月》里的一段诗句的翻译。看了以上的文字，思考以下问题：

1. 这首诗主要是写景、叙事还是抒情？
2. 这首诗歌的基调究竟是"欢快的"还是"伤悲的"？
3. 这首诗对"采桑女"怀着怎样的情感？

知识卡片

◎《国风·豳风·七月》（节选）

七月流火，九月授衣。春日载阳，有鸣仓庚。女执懿（yì）筐，遵彼微行，爰（yuán）求采桑。春日迟迟，采蘩（fán）祁祁。女心伤悲，殆及公子同归。

七月流火，八月萑（huán）苇。蚕月条桑，取彼斧斨（qiāng），

---

① 王秀梅，译注. 诗经（上）：国风 [M]. 北京：中华书局，2015.

以伐远扬，猗（yǐ）彼女桑。七月鸣鵙（jú），八月载绩。载玄载黄，我朱孔阳，为公子裳。

注释①：

1. 七月流火：火，或称"大火"，星名，即心宿。流：流动。每年夏历五月黄昏时候，这星当正南方，也就是正中和最高的位置。过了六月就偏西向下了，这就叫作"流"。

2. 授衣：将裁制冬衣的工作交给女工。九月丝麻等事结束，所以在这时开始做冬衣。

3. 春日：指二月。载：始。阳：温暖。

4. 仓庚：鸟名，就是黄莺。

5. 懿（yì）：深。

6. 微行：小径，小路。

7. 爰（yuán）：语词，犹"曰"。柔桑：初生的桑叶。

8. 迟迟：天长的意思。

9. 蘩（fán）：菊科植物，即白蒿。古人用于祭祀，女子在嫁前有"教成之祭"。一说用蘩"沃"蚕子，则蚕易出，所以养蚕者需要它。其法未详。祁祁：众多（指采蘩者）。

10. 殆及公子同归：是说怕被公子强迫带回家去。一说指怕被女公子带去陪嫁。公子，指国君之子。

11. 萑（huán）苇：芦苇。八月萑苇长成，收割下来，可以做箔。

12. 蚕月：指夏历三月。条桑：修剪桑树。

13. 斨（qiāng）：方孔的斧头。

---

① 王秀梅，译注. 诗经（上）：国风 [M]. 北京：中华书局，2015. 姜亮夫，等. 先秦诗鉴赏辞典 [M]. 上海：上海辞书出版社，1998.

14. 远扬：指长得太长而高扬的枝条。

15. 猗（yǐ）：《说文》《广雅》作"掎"（jǐ），牵引。"掎桑"是用手拉着桑枝来采叶。南朝乐府诗《采桑度》云，"系条采春桑，采叶何纷纷"，似先用绳系桑然后拉着绳子采。女桑：小桑。

16. 鵙（jú）：鸟名，即伯劳。

17. 玄：黑而赤的颜色。玄、黄指丝织品与麻织品的染色。

18. 朱：赤色。阳：鲜明。

《诗经》与《国风·豳风·七月》

《诗经》作为中国最早的一部诗歌总集，是中国古代诗歌的开端。它收集了西周初年至春秋中叶（即公元前 11 世纪至公元前 6 世纪）共 311 篇诗歌，反映了周初至周晚期约 500 年间的社会面貌。

诗经在内容上分为《风》《雅》《颂》三部分。《风》收录的是周代各地的歌谣；《雅》收录的是周人的正声雅乐，分为《大雅》和《小雅》；《颂》收录的则是周朝的王廷贵胄们在宗庙祭祀时所奏的乐歌，包括《周颂》《鲁颂》《商颂》。

我们学的这首诗歌题目中的"豳风"是《诗经》十五国风之一，共 7 篇；其中"豳"表示古邑名，在今陕西省咸阳市旬邑县和彬州市一带。而"七月"则是编者从本诗的首句"七月流火，九月授衣"中选取而来，以此成题。

丝博士告诉你 ①

1. 这首诗主要是写景、叙事还是抒情？

中国古代诗歌以抒情诗为主流，叙事诗较少。然而，本首诗却以叙事为主，并在叙事中写景抒情，形象鲜明，诗意浓郁。本诗为我们真实又生动地展现了西周早期底层人民劳动、生活的场面和图景，并对当时的劳动生产关系、阶级矛盾等社会状况进行了深刻的描写，构成了一幅上古时代男耕女织的风俗画。

本诗在叙事过程中也透露了当时蚕桑业的发展程度。其中，"女执懿筐，遵彼微行，爰求柔桑"描绘了妇女们拎着桑筐走小路去摘嫩桑的画面，说明此时的蚕已实现了室内饲养，室内养蚕需要采桑；而"蚕月条桑，取彼斧斨，以伐远扬，猗彼女桑"一句，则描述了在三月里妇女们拿着斧子修剪桑枝的状况。这样做的原因在于，老枝太长会阻碍新枝的成长，只有砍去老枝，留下嫩枝，才能得到更多的新鲜桑叶；从中也可知当时的桑树大多为乔木桑。②

2. 这首诗歌的基调究竟是"欢快的"还是"伤悲的"？

这首诗的情绪是比较昂扬的，色调也十分鲜明：背着筐儿的姑娘们，在明媚的春光下，在黄莺宛转的鸣叫声中，结伴沿着田间小路去采桑；她们的劳动似乎很愉快。然而，"女心伤悲，殆及公子同归"为这样明媚的场景盖上了一层阴影，表明了采桑女们内心的隐忧。此处的"公子"，一般认为指的是豳公之子。豳公作为豳地的大地主，占有大批土地和农奴，对他和他的儿子而言，农家的美貌女子属于随时可以侵占或说"同归"的对象。除了以上的担忧外，这些采桑女们还因她们的劳动成果最终难免为他人所占而感到悲哀：

---

① 姜亮夫，等 . 先秦诗鉴赏辞典 [M]. 上海：上海辞书出版社，1998：296-301. 黄岳洲 . 中国古代文学名篇鉴赏辞典（上）[M]. 北京：华语教学出版社，2013：17-19.

② 徐德明 . 中华丝绸文化 [M]. 北京：中华书局，2012.

"八月载绩，载玄载黄，我朱孔阳，为公子裳。"她们所织出的华美丝绸，结果都成了那些从不劳动的王孙公子身上的衣裳，正如宋人张俞在《蚕妇》一诗中所说的那样："遍身罗绮者，不是养蚕人。"

因此，这首诗虽然在描写的时候运用了非常"明媚"的意象，却有着"悲惨"的底色。奴隶制时代的采桑女，她们的命运不掌握在自己手中，她们一年到头都在辛勤地劳作，然而劳动的成果却都归了不劳而获的贵族们。这首诗（节选）不仅生动展现了古代采桑女的劳作图景，更深刻地揭露出女性劳动者们被奴役、剥削和践踏的深重苦难。

3. 这首诗对"采桑女"怀着怎样的情感？

本诗通过对"采桑图景"的细致描绘，表达了对采桑女们辛勤劳动的赞扬；同时也对采桑女们的劳动成果被贵族霸占，甚至自己的人身自由都被贵族所控制的悲惨命运，表达了深切的同情。

🌿 **学习任务**

接下来，让我们回到唐朝。在唐朝，也有一位诗人用细腻的笔触描写了当时采桑女的生活。

请阅读"知识卡片"中的《采桑女》及其注释和创作背景，并思考以下两个问题：

1. 为什么诗中的采桑女要"手挽长条泪如雨"？

2. 本诗中的采桑女是一个怎样的形象？诗歌表达了诗人怎样的情感？

知识卡片

采桑女

（唐）唐彦谦

春风吹蚕细如蚁，桑芽才努青鸦嘴。

侵晨探采谁家女，手挽长条泪如雨。

去岁初眠当此时，今岁春寒叶放迟。

愁听门外催里胥，官家二月收新丝。

注释①：

1. 努：用力冒出。

2. 青鸦嘴：桑芽。

3. 侵晨：凌晨。

4. 挽：攀着。

5. 岁：年。

6. 春寒：春天倒寒。

7. 里胥：古代的一种官职。

创作背景：

唐宪宗初期，朝廷要求"诸县夏税折纳绫、绢、绝、绸、丝、绵等"；该项命令的本质还是在于搜刮民脂民膏，但它明文规定了征税的时间在夏季，因为只有夏收后，老百姓才有丝织品可交。可是到了唐末，朝廷腐败混乱，内忧外患之下财政入不敷出，统治者只能进一步剥削、掠夺底层的百姓，于是把征收夏税的时间提前了。本诗从侧面体现了这个制度的影响。②

---

① 上海辞书出版社编委会.唐诗鉴赏辞典 [M].上海：上海辞书出版社，2004：1307.

② 贺新辉.全唐诗鉴赏辞典 [M].北京：中国妇女出版社，2004.

丝博士告诉你

1. 为什么诗中的采桑女要"手挽长条泪如雨"？

首联"春风吹蚕细如蚁，桑芽才努青鸦嘴"，极言蚕子细小脆弱、桑叶才处于斑斑点点的嫩芽形态。而颈联"去岁初眠当此时，今岁春寒叶放迟"一句道出了采桑女忧虑的原因：碰上了春寒，桑叶生长得迟，无桑可采。此处，采桑女除了担心蚕子无桑叶可食就会饿死外，也可能感觉绝望——即使蚕子成活下来，她也没有办法上交"新丝"，因为距离蚕吐丝结茧的日子还很远。据《蚕书》记载，蚕长成幼虫第九日后会开始蜕皮。蜕皮期间，不动不食称为"眠"，每一次"眠"都需要七日。而只有经过四"眠"，蚕才会开始吐丝结茧。可是，就在这"蚕细如蚁"、初眠尚未进行的时候，官吏就上门催逼"新丝"，感到绝望无措的采桑女难免"手挽长条泪如雨"。①

2. 本诗中的采桑女是一个怎样的形象？又表达了诗人怎样的情感？

本诗中的采桑女是一个辛勤劳动而又悲切愁苦的形象。诗人通过描述一个勤劳善良的采桑女子在苛捐杂税压榨下的悲惨境遇，揭露了唐末"苛政猛于虎"的社会现实，同时也表达了诗人对劳动人民的深切同情。②

集思广益

对比这两首诗歌，并以小组为单位探讨以下问题：

---

① 上海辞书出版社编委会. 唐诗鉴赏辞典 [M]. 上海：上海辞书出版社，2004：1307.
② 上海辞书出版社编委会. 唐诗鉴赏辞典 [M]. 上海：上海辞书出版社，2004：1307.

1. 从这两首诗歌的对比中，可以看出唐诗对《诗经》的写作风格和叙事手法有怎样的继承与发展？

_____

_____

2. 这两首诗歌中，"采桑女"的形象有哪些共通之处？

_____

_____

3. 这两首诗歌中，"采桑女"面临的命运有哪些相同与不同之处？

_____

_____

拓广探索

你还知道其他有关"蚕桑丝织"的诗歌吗？快和你的小伙伴一起分享吧！

成长日记

你认为，古代"蚕妇织女"群体命运的根本原因在于：_____

_____

_____

_____

_____

课时 2　那些著名的"蚕妇织女"

问题导入

在中国古典文学中，蚕妇织女常常是勤劳智慧的象征，女人一旦与养蚕织帛扯上关系，就绝非等闲之辈。你知道中国历史上有哪些著名的"蚕妇织女"吗？

合作任务

欢迎来到"蚕妇织女肖像画"活动！在这个活动中，每个小组可以选择一名"蚕妇织女"，并充分利用老师所给的材料，也可以在课前通过网络等方式收集相关素材，为这名"蚕妇织女"制作一张人物海报。最后，和其他小组同学分享一下你们组精心制作的海报吧。

海报要求：

1. 介绍她的生平。

2. 突出她的人物特点。

3. 为这个人物写一段人物评述，谈谈你们组对她的看法。

任务评价（同伴互评）：

海报美观度 （10分）	内容丰富度 （10分）	讲解清晰度 （10分）	总分 （30分）

知识卡片

◎ **西施**

西施作为中国古代的四大美女之一，最初就是越国的一名浣纱女。"浣纱"中的"浣"指洗涤、漂洗，而"纱"则是用棉麻等纺成的细丝，"浣纱"就是洗衣服的意思。相传，西施在越国的浣纱溪边浣纱，水中的鱼儿看到了她的绝美容颜，都感到自愧不如，沉入水底；这也是"沉鱼落雁"一词中，"沉鱼"的出处。

形容西施的诗句：

> 家国兴亡自有时，吴人何苦怨西施。西施若解倾吴国，越国亡来又是谁？
>
> ——（唐）罗隐《西施》
>
> 欲把西湖比西子，淡妆浓抹总相宜。
>
> ——（宋）苏轼《饮湖上初晴后雨》

◎ 孟母

孟子的母亲仉（zhǎng）氏是一位在教育子女方面充满智慧的织女。相传，孟子三岁丧父，靠母亲教养长大成人，并成为后世儒家追慕向往的亚圣；而孟母也留下了"孟母三迁""断机教子"等教子佳话。

"断机教子"的故事：

> 孟子之少也，既学而归，孟母方绩，问曰："学何所至矣？"孟子曰："自若也。"孟母以刀断其织。孟子惧而问其故，孟母曰："子之废学，若吾断斯织也。夫君子学以立名，问则广知，是以居而安宁，动则远害。今而废之，是不免于斯役，而无以离于祸患也。何以异于织绩所食，中道废而不为，宁能衣其夫子，而长不乏粮食哉？女则废其所食，男则堕于修德，不为窃盗，则为虏役

矣。"孟子惧，旦夕勤学不息，师事子思，遂成天下之名儒。君子谓孟母知为人母之道矣。

——（西汉）刘向《列女传·母仪》

注释：

绩：把麻纤维披开再连续起来搓成线。这里指织布。

白话译文：

孟子年少时，有一次放学回家，他的母亲正在织布，（见他回来）便问道："学习到什么程度了？"孟子回答："跟过去一样。"孟母当即就用剪刀把织好的布剪断。孟子见状又惊又惧，问他母亲这样做的缘故。孟母说："你荒废学业，如同我剪断这布一样。那些有德行的人依靠学习才得以树立名声，积极求问才得以增长知识，因此平日可安居无事，做起事来也可以避开祸端。如若现在荒废了学业，就难免要做辛苦的劳役，而且难以避免祸患。这和（女子）依靠织布而生存有什么不一样的呢？如果中途废弃而不做，哪能使她的丈夫和儿子有衣服穿，并且长期不缺乏粮食呢？女子若废止她赖以生存的技艺，男子若对修养德行懈怠，那么不是去做小偷，就是被俘虏被奴役。"孟子听后感到害怕了，因此开始夜以继日地勤学不止，并将子思作为自己的老师，（多年后孟子）终于成为天下闻名的大儒。有德行的人认为，孟母懂得做母亲的法则。

◎ 苏蕙

苏蕙是前秦时期的才女，为秦州刺史窦滔的妻子。她"识知精明、仪容秀丽、谦默自守、不求显扬"，在刚结婚时颇得丈夫敬重。结婚五年后，窦滔得到前秦君主苻坚的器重，被拜为安南将军，派往襄阳镇守。然而此时，窦滔有一个宠姬，苏蕙非常嫉恨她，因而不愿与丈夫同往襄阳；窦滔于是就带着这个宠姬前往，并渐渐地与妻子断了音信。苏蕙十分悔恨，因此作了一首可以回环诵读的回文诗，并用五色丝线将诗织成一块八寸见方的锦缎，这就是著名的《璇玑图》。当苏蕙将织好的锦图送往襄阳后，窦滔"感其妙绝"，于是将宠姬送回关中，以隆重的礼仪把苏蕙接来襄阳，自此以后夫妻更加恩爱。

回文体：汉语文学中一种特有的使用词序回环往复的修辞方法，其形式变化无穷，主要循着规律读，不仅能顺读倒读、上下颠倒读，还能斜读、交互读。

《璇玑图》：武则天在为《璇玑图》所作的"序"中这样写道："五彩相宣，莹心辉目。纵横八寸，题诗二百余首，计八百余言，纵横反复，皆为文章。"据说此图无论正读、反读、横读、斜读、交互读、退一字读、迭一字读，均可成诗。据说能读出三言、四言、五言、六言、七言诗一千多首。从中也可以看出，织者苏蕙的才情之妙可谓贯古超今。

◎ 秋胡妻

春秋时期，鲁国有一个人名叫秋胡，娶妻五日便离家游宦，五年后身居高位才回家探亲。快到家时，他看见一个美妇人在路旁采桑，便下车调戏，说："力桑不如逢国卿（采桑养蚕不如遇上个做大官的）。"没想到，遭到采桑女的断然拒绝。回家后，与妻子相见，结果发现妻子就是那个采桑女。秋胡妻鄙夷丈夫的为人，最终竟然投河而死。

这个民间故事，在元代被戏曲作家石君宝编撰为杂剧《秋胡戏妻》。这也使得秋胡妻的贞烈形象更加广为流传，甚至很多地方为了纪念她还建立了"秋胡庙"。此外，也有人认为秋胡妻还是中国历史上的第一位女书法家。唐代书法家韦续所撰的书法论著《墨薮》中这样记载道："虫书，鲁秋胡妇浣蚕所作，亦曰雕虫篆。"元代刘有定在《衍极》注释中写道："虫书，鲁秋胡子远宦五载不归，其妻幽居怀思，因玩蚕而作，故又名'蚕书'。"

集思广益

了解这四位"蚕妇织女"的故事后，请和小组同学一起探讨以下问题：

1. 这些"蚕妇织女"的形象有什么样的共性特征？

_____

_____

2. 这些共性特征反映了古代社会对女子怎样的要求？

_____

_____

成长日记

请你分享一下人物海报，并评价一下自己的表现吧。

你在海报制作和展演中的贡献：

你们小组海报相较于"成语交流会"时的进步：

你对其他组员的评价：

人物海报交流会

人物海报交流会

项目学习小档案

在这一节中，你学到了哪些知识呢？快用思维导图梳理一下吧！

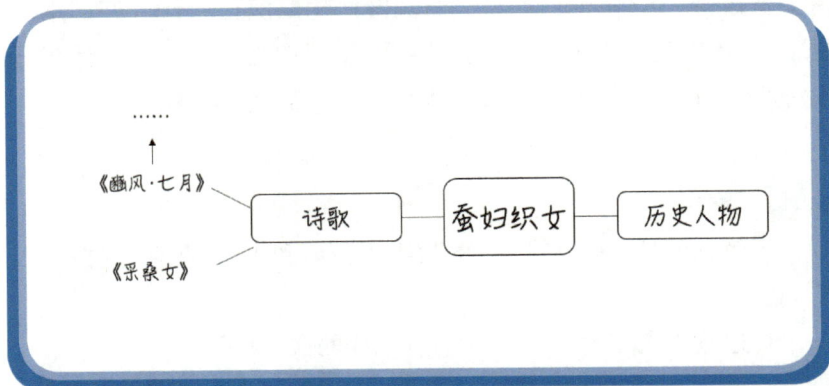

```
                    ……
                     ↑
    《豳风·七月》
                   ┌──────┐   ┌────────┐   ┌──────────┐
                   │ 诗歌 │───│ 蚕妇织女 │───│ 历史人物 │
                   └──────┘   └────────┘   └──────────┘
    《采桑女》
```

在这一节中，你做成了哪些有意义的事呢？

活动类型	你所完成的事
小组活动	
个人学习	

第三节 丝路与诗路（2课时）

情境引入

当你走在丝绸之路上的时候，你最想吟诵哪首诗歌？你知道有哪些诗人在丝绸之路上留下了诗作吗？这些诗作又有怎样的特点呢？

核心问题

1. 岑参与唐代陆上丝绸之路有什么样的联系？
2. 诗歌描绘了怎么样的海上丝路景观？
3. 这些边塞诗都表达了诗人怎样的情感？

核心目标

1. 赏析岑参的诗歌，领略唐代陆上丝路的自然风光与人文地理风情，理解诗人在诗中蕴藏的深厚情感与深远意境。

2. 在地图上描绘出唐代陆上和海上丝绸之路的基本路线，并说出这两条丝绸之路的基本历史文化背景。

3. 理解唐代陆上与海上丝绸之路的发展对唐诗发展的重要性和具体的影响。

4. 运用教育戏剧的形式对诗歌内容进行演绎，并进行表演和分享。

课时1　跟着岑参重走唐代陆上丝绸之路

问题导入

今天这节课，我们要跟随着大诗人岑参的诗篇一起领略唐代陆上丝绸之路上的山河景致，并感受诗篇背后所蕴藏的浓厚情感与深远意境。请阅读其中重要的一首诗，《逢入京使》。

逢入京使

（唐）岑参

故园东望路漫漫，

双袖龙钟泪不干。

马上相逢无纸笔，

凭君传语报平安。

这首诗描写了唐代诗人岑参在赴任边塞的途中偶遇返京使者的场景。请问你知道岑参这是去何地赴何任吗？这首诗表达了诗人怎样的情感？

丝博士告诉你

岑参当时赴任的职务是安西节度使的幕府掌书记，地点就在安西，位于今天的新疆维吾尔自治区库车县。唐太宗李世民在贞观十四年（640年）于西域设置了安西都护府，而安西节度使就是安西都护府的首领，这个机构的职责是管理整个西北地区的军政事务，并在巩固西北边防的同时，保护中西陆上交通要道。他们所保护的这条从长安出发，经过敦煌，通向西域的交通要道就是丝绸之路，更准确地说是陆上丝绸之路。

这首诗表达了诗人岑参浓烈的思乡之情，还包含着报国与亲情难以两全，以及思念亲人又不想让亲人挂念的复杂情感。

🖋 **知识卡片**

◎ **唐代陆上丝绸之路**

陆上丝绸之路，指的是西汉（公元前 202—公元 25 年）时期，汉武帝派张骞出使西域，最终开辟的一条以首都长安为起点，经甘肃、新疆，到中亚、西亚，并连接地中海各国的陆上通道。因为各国商人经常依靠这条通道运输、买卖中国特有的丝绸，所以得名"丝绸之路"。

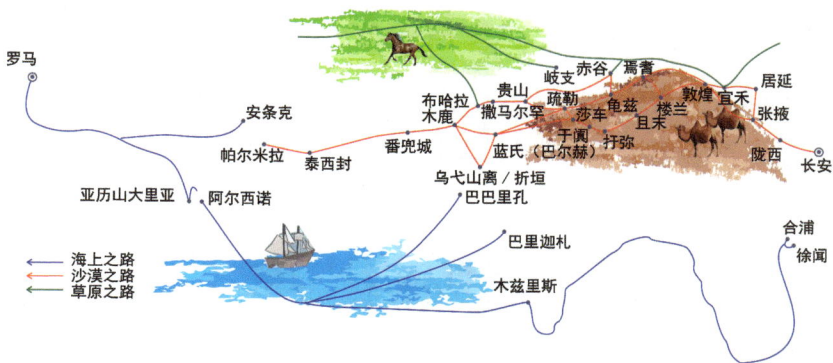

汉代东西交通示意图 ①

在这条线路中，西面的陆上丝绸之路在汉代之后，由于中国内部朝代更迭频繁、战乱四起而消沉了一段时间，直到隋代才重新繁荣起来，并在唐代达到了鼎盛。

---

① 根据黄时鉴主编的《解说插图中西关系史年表》中两汉 – 罗马时期中西关系示意图所绘。

唐代时，东、西方的经济文化交流达到高峰，丝绸之路也因此盛极一时。唐代的陆上丝绸之路，基本上延续了前代横跨亚欧大陆的线路，将南北朝以来因战乱而中断的部分路段进行了疏通，并开拓了天山北路的一段。唐代的丝绸之路从长安出发，经甘肃河西走廊至新疆，过天山南北到达中亚，之后一路到中东地区，另一路到欧洲；其中过天山以后还有一条线路可直达印度。

◎ 陇右唐诗之路

历史背景与文化内涵

贞观元年（627 年），唐太宗将天下分为十道，以陇山为地理标志，在其西置陇右道。《唐六典》描述其"东接秦州，西逾流沙，南连蜀及吐蕃，北界朔漠"。疆域相当于现在甘肃、青海湖以西，咸海以东，包括葱岭地区及新疆大部分地区。

> 是时中国盛强，自安远门西尽唐境万二千里，间阎相望，桑麻翳野，天下称富庶者，无如陇右。
>
> ——（北宋）司马光《资治通鉴》

陇右道与丝绸之路的关系

唐代在陇山以西设置陇右道，经营西域，既保障了丝绸之路的通畅，又增进了东、西方文化的交流、融通与互鉴。

集思广益

请和你的小伙伴探讨一个问题：明明我们看地图的时候都知道"上北下南左西右东"，为什么这里陇右表示的其实是陇山以西呢？

丝博士告诉你

实际上，古代帝王临朝讲究坐北朝南，因此地图往往需要从北往南看，东面就在左边，西面就在右边。比如，"江东"也可被称为"江左"。

陇右不仅仅是一个历史行政区划、地理观念，更是一个文化观念。如果以贞元三年（787年）河陇沦陷、陇右州县尽失为分界线，亲历陇右且有诗传世的诗人达数十位之多。他们或是跨越陇山向西而行，或是途经敦煌向东而归，但他们都用潜心创作的诗歌抒发自己建功立业的雄心和保家卫国的壮志，这也使得这条风沙弥漫的边塞道路，成了一条充分展示积极进取、奋发向上的大唐气象的诗歌之路。

> 唐代士人以高昂的热情、理想主义的壮志，从军陇右，漫游行旅，以海涵地负之才力、生花之妙笔，歌咏陇右的山川形胜、风土人情，抒写理想与情怀、家国之思，事实上形成了广阔而充满神奇异彩的唐诗之路。
>
> ——杨晓霭《陇右唐诗之路：绿洲丝绸之路的"不朽遗存"》

知识卡片

◎ 陇右唐诗的代表诗人岑参

在"陇右唐诗之路"上，走得最远、留诗最多、最能代表这条诗路精神的莫过于岑参。他的诗歌较为全面地记录了"丝绸之路"行程，谱写了"陇右唐诗之路"最为辉煌的篇章。

岑参（715—770年[①]），荆州江陵（现湖北江陵）人，一说南阳棘阳（今河南南阳）人。天宝（唐玄宗年号，742—756年）

---

① 岑参生卒存在争议，此处采用闻一多《岑嘉州系年考证》中的说法。

进士，曾担任过右内率府兵曹参军等职，仕途失意之后，两次从军边塞，出任节度使书记判官。唐代宗时，其曾官嘉州（今四川乐山）刺史，故世称"岑嘉州"。大历五年（770 年）卒于成都。

岑参的一生，与西北边塞难以分开，与丝绸之路结下不解之缘。唐玄宗时，岑参赴安西都护府高仙芝幕任判官，在安西、北庭、轮台等地生活长达六年之久（安西都护府始置于唐太宗贞观十四年，旧址在今吐鲁番以西之交河古城）。

这是岑参两次西行的路线图。这张图上的一个个地名所串联起来的，不仅仅是一首首瑰丽奇绝的诗篇，还是岑参可歌可泣的一生，而这些山川河流、古城旧镇更是见证了古往今来穿梭于这条丝绸之路上的形形色色的人们，正所谓"今人不见古时月，今月曾经照古人"。今天的丝绸之路已然焕然一新，过去岑参骑着马都要走几个月的路程，如今我们的宝兰高铁仅需几小时就能到达，希望大家都能够有机会去重走丝绸之路。

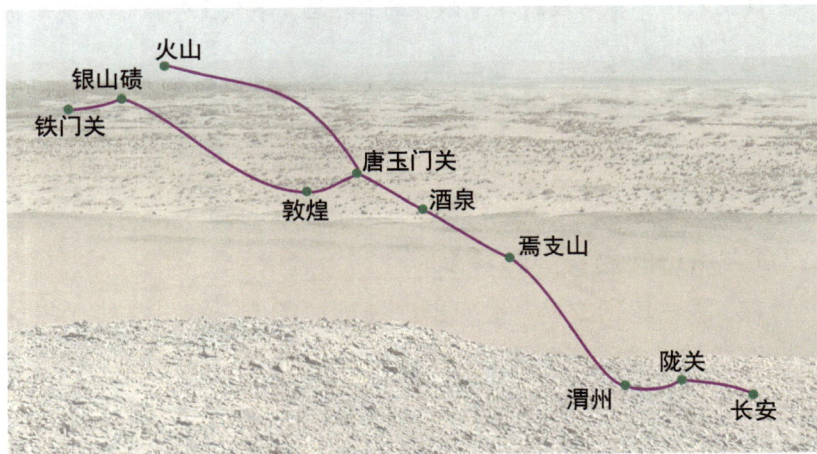

岑参西行路线图

集思广益

岑参的边塞诗具有比较独特的个人风格。而他的个人风格是什么呢？请大家欣赏下面的这首诗,《白雪歌送武判官归京》(节选),并分析岑参的写作风格。

白雪歌送武判官归京(节选)

(唐)岑参

北风卷地百草折,

胡天八月即飞雪。

忽如一夜春风来,

千树万树梨花开。

丝博士告诉你

清代文学家方东树在《昭昧詹言》中评价道:"岑嘉州《白雪歌送武判官归京》奇峭。起飒爽,'忽如'六句,奇气奇情逸发,令人心神一快。"可以看出,岑参所写的边塞诗摒弃了以往边塞诗幽怨、哀叹的悲凉氛围,而将丝绸之路上的奇异风光与戍边征战时的军旅生活,用奇特的艺术手法和豪迈的语调描写了出来,语言风格热情瑰丽、慷慨激昂,整体气势奇峻壮阔,大气磅礴。

合作任务

请不同小组围绕"学习卡片"中岑参的某一诗篇进行合作式探究,学生需围绕以下三个基本问题对这首诗展开探究,并向全班展示。

1. 岑参的诗在描写哪个地方的景观？

2. 岑参的诗描绘了怎样的景观（地理环境的特点）？

3. 岑参的诗表达了诗人怎样的情感？

示例：

《西过渭州见渭水思秦川》学习单

诗歌	**西过渭州见渭水思秦川** 渭水东流去，何时到雍州？ 凭添两行泪，寄向故园流。
诗歌中涉及的地名	渭州、秦川、雍州
诗歌中描绘的景色与地理特点（绘画形式表达）	
诗歌传递的情感	明写渭水，实则通过极其委婉的语意来寄托自己对故乡的情思。
注释	凭：请求。

🖊 学习任务

《过燕支寄杜位》学习单

诗歌	**过燕支寄杜位** 燕支山西酒泉道，北风吹沙卷白草。 长安遥在日光边，忆君不见令人老。
诗歌中涉及的地名	
诗歌中描绘的景色与地理特点（绘画形式表达）	

续表

诗歌传递的情感	
注释	白草：边塞所长的牧草。《汉书·西域传上·鄯善国》记载道："国出玉，多葭苇、柽柳、胡桐、白草。"著名训诂学家颜师古注曰："白草似莠而细，无芒，其干熟时正白色，牛马所嗜也。"

《初过陇山途中呈宇文判官》(节选) 学习单

诗歌	**初过陇山途中呈宇文判官（节选）** 山口月欲出，先照关城楼。 溪流与松风，静夜相飕飗。 别家赖归梦，山塞多离忧。 与子且携手，不愁前路修。
诗歌中涉及的地名	
诗歌中描绘的景色与地理特点（绘画形式表达）	
诗歌传递的情感	
注释	1. 飕飗（sōu liú）：象声词，表风雨吹打之声。 2. 赖：依靠。 3. 子：此处指宇文判官。 4. 修：长。

《银山碛西馆》学习单

诗歌	**银山碛西馆** 银山碛口风似箭，铁门关西月如练。 双双愁泪沾马毛，飒飒胡沙迸人面。 丈夫三十未富贵，安能终日守笔砚。
诗歌中涉及的地名	
诗歌中描绘的景色与地理特点（绘画形式表达）	
诗歌传递的情感	
注释	1. 碛（qì）：沙地。 2. 练：白色的熟绢。 3. 迸（bèng）：扑打。 4. 守笔砚：指文墨之事，与效力军旅相对。出自《汉书·班超传》："大丈夫当效傅介子、张骞，立功异域，以取封侯，安能久事笔砚乎！"

《经火山》学习单

诗歌	**经火山** 火山今始见，突兀蒲昌东。 赤焰烧虏云，炎氛蒸塞空。 不知阴阳炭，何独燃此中？ 我来严冬时，山下多炎风。 人马尽汗流，孰知造化工！
诗歌中涉及的地名	

诗歌中描绘的景色与地理特点（绘画形式表达）	
诗歌传递的情感	
注释	1. 突兀：高耸的样子。 2. 虏云：指西北地区的云。其中，"虏"在古代是对北方外族的一种蔑称。 3. 阴阳炭：指由阴阳二气结合的、可熔铸天地万物的原动力。出自西汉贾谊的《鵩（fú）鸟赋》："天地为炉兮，造化为之；阴阳为炭兮，万物为铜。" 4. 造化：指代自然，也可认为此处指的是"自然界的创造者"。

课时 2　唐诗中的海上丝绸之路

问题导入

上节课，我们跟着岑参重走了绿洲丝绸之路。接下来，让我们往海边走走。唐代中后期，海上丝绸之路兴起，促使唐代诗人创作了大量海上丝绸之路诗歌。这些诗歌的创作，大大丰富了唐诗的内容与情感内涵。我们就一起来品读一下这些关于海上丝绸之路的诗词，看看在海上丝绸之路日益繁荣的时刻，诗人们都透过诗句表现了什么内容，传达了怎样的情感。

知识卡片

◎ 海上丝路背景与路线

海上丝绸之路的雏形早在秦汉时期就已存在。据《汉书·地理志》记载，汉代使者前往印度有时就会走海路。不过，虽然海上丝绸之路开辟的时间很早，但到唐代才开始勃兴。据《新唐书·地理志》记载，唐代有一条从东南沿海出发，通往东南亚、印度洋北部诸国、红海沿岸、东北非和波斯湾诸国的海上航路，这条航路被称为"广州通海夷道"，这也是中国海上丝绸之路的最初名称。

在唐中期以前，中国对外主通道是陆上丝绸之路，后出于战乱和经济重心南移等原因，海上丝绸之路逐渐兴起。伴随着中国造船、航海技术的发展，中国通往东南亚、印度、阿拉伯半岛及非洲大陆的航路纷纷开通与延伸，海上丝绸之路终于替代了陆上丝绸之路，成为中国对外贸易交流的主要通道。

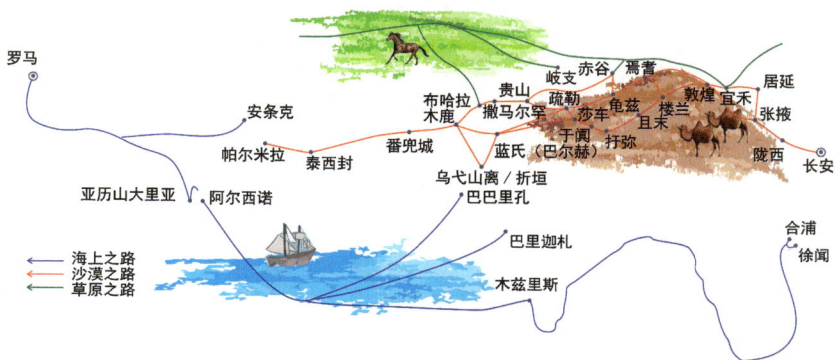

汉代东西交通示意图①

◎ 海上丝路诗词

当浪漫的唐代诗人踏上壮阔的海上丝路的旅途，或居住在海上丝路的沿岸城市时，他们会写下什么呢？

王建《送郑权尚书南海》："市喧山贼破，金贱海船来。"

刘禹锡《南海马大夫远示著述，兼酬拙诗》："连天浪静长鲸息，映日帆多宝舶来。"

刘长卿《送徐大夫赴广州》："当令输贡赋，不使外夷骄。"

韦应物《送冯著受李广州署为录事》："百国共臻奏，珍奇献京师。"

沈佺期《度安海入龙编》："四气分寒少，三光置日偏。"

张九龄《与王六履震广州津亭晓望》："水纹天上碧，日气海边红。"

张说《入海》："乘桴入南海，海旷不可临。茫茫失方面，混混如凝阴。"

---

① 根据黄时鉴主编的《解说插图中西关系史年表》中两汉－罗马时期中西关系示意图所绘。

张籍《昆仑儿》:"金环欲落曾穿耳,螺髻长卷不裹头。自爱肌肤黑如漆,行时半脱木绵裘。"

韦应物《送冯著受李广州署为录事》:"所愿酌贪泉,心不为磷缁。上将玩国士,下以报渴饥。"

张籍《送郑尚书赴广州》:"此处莫言多瘴疠,天边看取老人星。"

集思广益

根据以上诗歌,你觉得诗人们在诗中表达的情感可以归为几类呢?和你的小组同学一起讨论,并尝试填写下列表格吧。

情感 (用短语总结)	诗歌	诗歌分析

丝博士告诉你

1. 向往财富与宣扬国威。唐代早期,中国国力强盛,因此国内外商贸往来频繁,海上丝路也起到了运输海内外商品、促进财富流动的作用。这一时期,唐诗中出现了很多对海上商船贸易的描绘。

而到了唐代中后期，内部朝纲不振、统治疲乏，外部陆上丝路受阻、对外无力，这导致人们希望能有一个出口"重振国威"，因此这一时期海上丝绸之路上创作的诗歌很多都描绘了中国对海外诸国的态度与影响。

> 王建《送郑权尚书南海》："市喧山贼破，金贱海船来。"
>
> 刘禹锡《南海马大夫远示著述，兼酬拙诗》："连天浪静长鲸息，映日帆多宝舶来。"
>
> 刘长卿《送徐大夫赴广州》："当令输贡赋，不使外夷骄。"
>
> 韦应物《送冯著受李广州署为录事》："百国共臻奏，珍奇献京师。"

2. 海上风光与异域风物。唐代海上丝绸之路曾一度连接到东南亚甚至非洲诸国，而诗人们在这条路上游历、求经甚至被贬谪，同时也得以领略完全不同于中原大陆、塞北草原或是江南水乡的壮美的海上风光与异域风物。

> 沈佺期《度安海入龙编》："四气分寒少，三光置日偏。"
>
> 张九龄《与王六履震广州津亭晓望》："水纹天上碧，日气海边红。"
>
> 张说《入海》："乘槎入南海，海旷不可临。茫茫失方面，混混如凝阴。"
>
> 张籍《昆仑儿》："金环欲落曾穿耳，螺髻长卷不裹头。自爱肌肤黑如漆，行时半脱木绵裘。"

3. 离别劝勉与美好祝愿。"送别友人"一直以来都是唐诗创作的重要主题之一，早期唐代诗人就基于陆上丝绸之路创作了很多脍炙人口的送别诗歌，如《别董大》。因此，当对外交流重心逐渐从陆上丝路转移到海上丝路后，自然也涌现出一批有关海上丝路的送别诗。

> 韦应物《送冯著受李广州署为录事》："所愿酌贪泉，心不为磷缁。上将玩国士，下以报渴饥。"
>
> 刘长卿《送徐大夫赴广州》："当令输贡赋，不使外夷骄。"
>
> 张籍《送郑尚书赴广州》："此处莫言多瘴疠，天边看取老人星。"

合作任务

欢迎来到"戏谈诗歌"活动，这个任务是让不同小组围绕"学习卡片"中的某一诗篇进行合作式探究，并以戏剧脚本撰写的形式呈现大家的探究成果。

要求：

1. 戏剧内容准确展现出诗歌描述的基本内容。

2. 结合诗人和诗歌创作的背景进行戏剧创作，并准确表现出诗人表达的情感。

3. 合理地进行"符合历史背景"的延伸与拓展，不要"就诗论诗"。

4. 设计一个完整的故事，故事人物的行为和对白应当符合人物身份和时代背景。

5. 脚本总字数不少于 1000 字。

知识卡片

诗歌	**旅寓安南**[1] （唐）杜审言 交趾殊风候[2]，寒迟暖复催[3]。 仲冬[4]山果熟，正月[5]野花开。 积雨[6]生昏雾，轻霜下震雷[7]。 故乡逾[8]万里，客思倍从来[9]。 **注释①：** 　1. 安南：唐代六都护之一，本交州都督府，属岭南道。今越南河内。 　2. 交趾：汉武帝所置十三刺史部之一，辖境相当于今广东、广西的大部和越南的北部、中部。后来泛指五岭以南。该诗中指越南北部。风候：即风物气候。 　3. 催：催促。 　4. 仲冬：即农历十一月，为冬季的第二个月。 　5. 正月：农历一月。 　6. 积雨：连续下雨；积存的雨水。 　7. 轻霜：薄霜。震雷：响雷，霹雳。 　8. 逾：超出；越过。 　9. 从来：由来，历来，向来，往常。
诗人简介	杜审言（645—708年），字必简，出身于京兆杜氏，是魏晋时期著名军事家、经学家杜预的远裔，是"诗圣"杜甫的祖父。唐高宗咸亨进士，曾任隰城尉、洛阳丞等官，累官修文馆直学士。唐中宗时，因与张易之兄弟交往，被流放峰州（今越南越池东南）。 　杜审言与李峤、崔融、苏味道一道被称为"文章四友"，是唐代"近体诗"的奠基人之一，作品多朴素自然。其五言律诗，格律谨严。②
诗歌传递的情感	

① 赵建莉. 初唐诗歌赏析 [M]. 南宁：广西教育出版社，1990：163.
② 萧涤非，等. 唐诗鉴赏辞典 [M]. 上海：上海辞书出版社，1983：1399.

续表

"戏说诗歌"剧本大纲	主题	
	概要	
	主要人物介绍	
	主要内容	

诗歌	**送杨瑗尉南海**[1] （唐）岑参 不择[2]南州尉，高堂有老亲[3]。 楼台重蜃气[4]，邑里杂鲛人[5]。 海暗三山[6]雨，花明五岭春[7]。 此乡多宝玉[8]，慎莫厌清贫。 **注释**[①]： 　1. 杨瑗：未详。底本"瑗"下注："一作张子。" 　尉南海：赴任南海县尉。尉，用作动词，任县尉。 　南海，《旧唐书·地理志》："岭南道广州有南海县。在今广东广州市北。" 　2. 不择：不加选择，不嫌。 　3. 高堂：指父母所居之正室。老亲：年老的父母。 　4. 重：重叠。蜃气：即海市蜃楼。 　5. 邑里：城乡。杂：混杂往来。鲛人：传说中的海底人鱼。 　6. 三山：在南海县境，临江三峰并起，高30余丈。在今广州市南。 　7. 五岭：指大庾、骑田、都庞、萌渚与越城岭的总称。在今广东省、广西壮族自治区边境。 　8. 此乡：指南海。多宝玉：多产珍宝珠玉。据韩愈《送郑尚书序》，南海多珠宝象犀玳瑁等奇物。

① 高文，王刘纯.高适岑参选集 [M].上海：上海古籍出版社，2016：256.

续表

诗人简介	岑参，荆州江陵（今湖北江陵）人，一说南阳棘阳（今河南南阳）人。天宝年间（唐玄宗年号，742—756 年）进士，曾做过右内率府兵曹参军等微职，仕途失意之后，两次从军边塞，出任节度使书记判官。唐代宗时，曾官至嘉州刺史（今四川乐山），世称"岑嘉州"。大历五年（770 年）卒于成都。		
诗歌传递的情感			
"戏说诗歌"剧本大纲	主题		
	概要		
	主要人物介绍		
	主要内容		

诗歌	**在西国怀王舍城** （唐）义净 游，愁。 赤县远，丹思抽[1]。 鹫岭寒风驶，龙河激水流[2]。 既喜朝闻[3]日复日，不觉颓年秋更秋。 已毕耆山本愿城难遇，终望持经振锡住神州[4]。 **注释**： 1. 赤县：相传上古时期炎帝所辖领地为"赤县"，黄帝所辖领地为"神州"，因此中国也被称为"赤县神州"；后也有人用"赤县"或"神州"代指"中国"。 丹思：发自内心的思念。丹，表"赤诚"之义。 抽：萌发。

诗歌	2.鹫岭：又名灵鹫山，梵文中"耆阇崛山"的意译，为古印度佛教圣山，因系佛陀释迦牟尼说法之地而闻名。因该山其顶状似鹫头且山中多鹫，故名"鹫岭"。 龙河：印度尼连禅河的别名，为恒河的支流。据说释迦牟尼悟道之前，曾在龙河边的林中独修六年，然未能解脱；后至河对岸的菩提树下静思，方得觉悟。因此，此河沿岸有许多"释尊成道"的古迹。 3.朝闻：朝指朝圣，朝拜。闻即见识，见闻。 4.耆山：梵文中"耆阇崛山"的略称。 城：指王舍城。 振锡：指僧人持锡出行，意为游方。僧人所持锡杖的杖头安有锡环，振动就会发声，所以常用振锡、飞锡、持锡等表示僧人游方。
诗人简介	义净（653—713年），字文明，唐代著名高僧、旅行家。唐高宗咸亨二年（671年），义净经由广州，取道南海，前往印度求法，历时20多年，游历30余国，于武周证圣初年（695年）携梵本经、律、论共约400部，舍利300粒回国；到洛阳后，武则天亲自迎接了他，并敕住佛授记寺。义净精通三藏，擅长梵文，回国初期参与《华严经》的新译，后主持翻译《金光明最胜王经》《大孔雀咒王经》《法华经》等经、律、论共61部，239卷。在从印度回归途中，写成《南海寄归内法传》4卷和《大唐西域求法高僧》2卷。
诗歌传递的情感	

"戏说诗歌"剧本大纲	主题	
	概要	
	主要人物介绍	
	主要内容	

活动评价

请同学们给自己的创作打打分吧。

维度	子维度	打分
诗歌 （15分）	诗歌描述的全面性（5分）	
	诗歌情感的准确性（5分）	
	诗歌内容的延展性（5分）	
戏剧 （15分）	故事设计的合理性（5分）	
	人物对白的流畅性（5分）	
	语言运用的优美性（5分）	
总分（30分）		

小组合作评价表

姓名：　　　　　　　　　　　　　　小组编号：

自我评价	本次课程中我学习到的印象最深刻的知识是什么？	
	我在此次的小组合作中主要承担了哪些任务，完成度如何？	
	我在合作方面表现得好的地方有哪些？	
	我觉得谁在此次小组合作中表现最为突出，为什么？	
	后续合作中我想要提升自己的地方有哪些？	
	此次小组合作分工合理吗？是否存在可以改进的地方？	
他人评价	小组成员对我这次小组合作的表现有什么评价？有什么可以改进的地方？	
	教师对学生课堂表现有什么评价？	

📝 项目学习小档案

在这一节中，你学到了哪些知识呢？快用思维导图梳理一下吧！

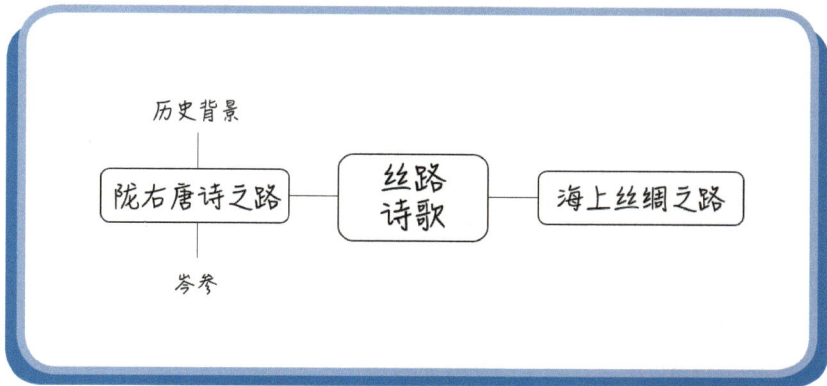

历史背景

陇右唐诗之路 —— 丝路诗歌 —— 海上丝绸之路

岑参

在这一节中，你做成了哪些有意义的事呢？

活动类型	你所完成的事
小组活动	
个人学习	

你对这一单元的学习还有哪些疑问？快点记录下来吧！

问题 1 :＿＿＿＿＿＿＿＿＿＿＿＿＿＿＿＿＿＿＿＿＿＿

问题 2 :＿＿＿＿＿＿＿＿＿＿＿＿＿＿＿＿＿＿＿＿＿＿

问题 3 :＿＿＿＿＿＿＿＿＿＿＿＿＿＿＿＿＿＿＿＿＿＿

参考文献

Feldman, B., Robert, D. R. *The Rise of Modern Mythology 1680—1860* [M]. Bloomington: Indiana University Press, 1972.

阿诺德 . 牛津通识读本：时装 [M]. 南京：译林出版社，2019.

楚梅 . 楚梅居笔谭 [M]. 广州：广东人民出版社，2005.

费三多 . 蚕乡山海经——含山故事民俗集 [M]. 海口：海南国际新闻出版中心，1996.

高光复 . 高适岑参诗译释 [M]. 哈尔滨：黑龙江人民出版社，1984.

高文，王刘纯 . 高适岑参选集 [M]. 上海：上海古籍出版社，2016.

故宫博物院 . 中国宫廷绘画研究 [M]. 北京：故宫出版社，2015.

贺新辉 . 全唐诗鉴赏辞典 [M]. 北京：中国妇女出版社，2004.

蘅塘退士 . 唐诗三百首 [M]. 北京：宗教文化出版社，2001.

黄时鉴 . 解说插图中西关系史年表 [M]. 杭州：浙江人民出版社，1994.

黄勇 . 唐诗宋词全集：第二册 [M]. 北京：北京燕山出版社，2007.

黄岳洲 . 中国古代文学名篇鉴赏辞典（上）[M]. 北京：华语教学出版社，2013.

姜亮夫，等 . 先秦诗鉴赏辞典 [M]. 上海：上海辞书出版社，1998.

梁二平 . 世界名画中的大航海 [M]. 北京：生活·读书·新知三联书店，2019.

梁庚尧 . 中国社会史 [M]. 上海：东方出版中心，2016.

刘开扬 . 岑参诗选 [M]. 成都：四川文艺出版社，1986.

刘松筠 . 中华成语大辞典：简明本 [M]. 长春：吉林文史出版社，2002.

罗宗强，陈洪．中国古代文学作品选：第二卷　魏晋南北朝隋唐五代卷 [M]．北京：高等教育出版社，2004.

缪勒．比较神话学 [M]．金泽，译．上海：上海文艺出版社，1989.

阮智富，郭忠．现代汉语大词典 [M]．上海：上海辞书出版社，2009.

上海辞书出版社编委会．唐诗鉴赏辞典 [M]．上海：上海辞书出版社，2004.

沈从文，王㐨．中国服饰史 [M]．西安：陕西师范大学出版社，2004.

苏州丝绸工学院，浙江丝绸工学院．制丝化学 [M]．北京：中国纺织出版社，1996.

泰勒．原始文化 [M]．连树声，译．桂林：广西师范大学出版社，2005.

唐长孺．吐鲁番出土文书 [M]．北京：文物出版社，1992.

天人．中国诗词名句解析 [M]．呼和浩特：内蒙古人民出版社，2016.

《图说天下·国学书院系列》编委会．诗经 [M]．长春：吉林出版集团，2008.

汪芳．中国古代丝绸设计素材图系·锦绣卷 [M]．杭州：浙江大学出版社，2018.

王秀梅，译注．诗经（上）：国风 [M]．北京：中华书局，2015.

魏义天．粟特商人史 [M]．南宁：广西师范大学出版社，2012.

萧涤非，等．唐诗鉴赏辞典 [M]．上海：上海辞书出版社，1983

谢楚发，译注．高适岑参诗选译 [M]．成都：巴蜀书社，1991.

徐德明．丝绸文化 100 问 [M]．杭州：浙江古籍出版社，2011.

徐德明．中华丝绸文化 [M]．北京：中华书局，2012.

徐蔚南．顾绣考 [M]．北京：中华书局，1937.

徐铮，金琳．锦程：中国丝绸与丝绸之路 [M]．杭州：浙江大学出版社，2017.

叶舒宪，谭佳．比较神话学在中国：反思与开拓 [M]．北京：社会科学文献出版社，2016.

张国举 . 唐诗精华注译评 [M]. 长春：长春出版社，2010.

章培恒，安平秋，马樟根 . 高适岑参诗选译（修订版）[M]. 南京：凤凰出版社，2011.

赵丰 . 丝路之绸：起源、传播与交流 [M]. 杭州：浙江大学出版社，2018.

赵丰，桑德拉，白克利 . 神机妙算：世界织机与织造艺术 [M]. 杭州：浙江大学出版社，2019.

赵丰，徐峥 . 锦绣华服：古代丝绸染织术 [M]. 北京：文物出版社，2008.

赵建莉 . 初唐诗歌赏析 [M]. 南宁：广西教育出版社，1990.

中国科学院中国植物志编辑委员会 . 中国植物志：第 23 卷 [M]. 北京：科学出版社，1998.

中国社会科学院语言研究所词典编辑室 . 现代汉语词典 [M]. 7 版 . 北京：商务印书馆，2016.

后　记

从 18 世纪末法国卢浮宫作为国家艺术博物馆对公众开放以来，博物馆就从贵族存放私人珍贵物品的地方，转变为面向大众的公共教育空间。博物馆的教育功能也因此受到重视，并不断走向中心，成为博物馆的"灵魂"。随之，博物馆教育的研究与实践也得到了极大的发展，并受到决策层面的关注。早在 1999 年，中共中央、国务院颁布的《关于深化教育改革全面推进素质教育的决定》中已经提到，博物馆等文化场馆要为学生提供优秀的精神产品。2020 年 10 月，教育部、国家文物局联合印发了《关于利用博物馆资源开展中小学教育教学的意见》，对博物馆教育资源的开发利用、教育方式拓展、馆校合作机制建立和组织保障加强提出了具体的指导意见。为了更好地促进馆校合作，国家文物局也推出了"博物馆进校园"示范项目，本书的出版正是其中"丝路文化进校园"的最新成果。

如何让优秀传统文化进入校园，如何让学生能够领略到祖国的璀璨文化，如何让学生能够在与优秀传统文化的互动中促进自身素养的发展，这些是我们学校教育领域、博物馆领域研究者和实践者一直都在思考的问题，也是本书试图解决的问题。因此，本书以"宏大图景·真实生活"为理念，联结起宏大的历史文明图景与学生的真实生活，使灿烂的文明与文化不仅仅是抽象的文字与符号，而是更多地融入学生的生活之中以赋予其真实的意义，让学生在体验、制作、创新中提升解决问题的能力，让学生在丝路文化的学习中习得认识世界的方法、理解世界的思维以及参与世界的行动力。全书一共分为五个单元，分别是"走进丝路""小蚕大世界""小小织造家""云想衣裳花想容""锦绣文章"，涉及丝绸、蚕桑、织造工具、服饰文化、丝路文明等内容。五个单元分别以历史、科学、技术、艺术、文学等锚定学科领域，但又不局限在这些学科之内。每个单元都是跨学科的学习单元，同时结合中小学不同学段的学科课程标准，聚焦学生核心素养以及课程核心素养，并创设真实情境，以学习者为中心，以任务为驱动，开展项目化学习（Project-based Learning）。

书稿形成的过程也是一个生成性、实践性的过程。在高校教育专家、博物馆专家初步完成教学设计初稿后，这些课程也进入了"丝路文化进校园"学校联盟的示范学校中，在教学现场实践之后，形成了最终的项目化学习方案。本书并非仅仅是一个标准化的课程产品，更为不同学校基于校情开展"丝绸与丝路文化"课程提供了一个工具箱，学校可以在工具箱中选择自己需要的部分，并进行丰富的校本化实践，尤其是针对学生的学习结果所做的作品任务设计，更可以体现出不同学校的特色。在高校、博物馆专家具体化、差异化的指导下，前期多所示范学校在教学过程中，形成了"丝路课程"丰富多样的学生作品，如有些学校让学生"为亚运会设计一款丝织文创纪念品"，有些学校让学生"表演一个丝路人物故事的皮影戏"，还有一些学校让学生"在唐诗中品读诗人的丝路之行"，等等。同时，这一课程的产品也进入了西部乡村学校教育现场进行"试炼"。看到西部乡村学校的学生虽然远离博物馆，但依然在丰富的"丝路课程"中认真思考、热烈讨论和大胆表达，我们也更加坚定了尽我们所能为学校、教师提供丰富的课程教学资源的信念，让那些有机会进入博物馆和暂时没有机会进入博物馆的学生，都能在学校课程中领略"丝织文明与丝路文化"，实现"学生进博物馆"与"博物馆进校园"的融合贯通，让优秀传统文化与学生的真实生活交织在一起。

本书以《丝路奇幻之旅》为书名，希望能给予学生沉浸式的丝织文明、丝路文化的学习体验。因此，本书并非仅仅是传统意义上的读物，也并非单向的知识传授。本书是一本知识手册，为学生提供了获取丝织文明、丝路文化的知识路径；本书是一部项目任务书，设计了学生需要完成的丰富多元的学习任务；本书也是一本学习记录本，记录下学生在学习过程中的思考、讨论与收获；本书更是一本成长档案集，积累了学生学习的重要信息和学习完成的里程碑。本书不仅是为学生学习而设计，而且是为教师进行课程教学而设计，同样也是为学校开展项目化学习而设计的。

我国传统文化博大精深，仅以一本小书穷尽"丝路文化"这一宏大图景是一个不可能完成的任务。本书为学生提供了领略丝路文化的一扇窗，让他们一瞥其中的瑰丽风景，并在未来的日子中有更多走入壮阔文化探寻的兴趣与意愿；同时，本书也为学生提供了进入丝路文化的一张地图，让学生可以按图索骥，对其间的人物、文物、故事、历史有更深刻的探究和理解。

在本书出版之际，首先衷心感谢国家文物局博物馆与社会文物司（科技司）罗静司长、金瑞国副司长、焦丽丹处长的统筹谋划和宝贵建议，使得项目朝着既定目标有序推进。其次，全书的完成依托中国丝绸博物馆和浙江大学教育学院工作团队的精诚合作。其中，中国丝绸博物馆的工作团队包括楼航燕、潘璐、杨汝林、余楠楠、王冰冰等。浙江大学教育学院的工作团队以及分工具体如下：第一章，戴方时、石心玥、万婧；第二章，阮迪、吴上好；第三章，胡凯悦、沈演；第四章，王怡沁、李欣宇；第五章，石心玥、周佳雯。这一项目也离不开多家博物馆的支持，其中包括参与项目的甘肃省博物馆、贵州省博物馆、内蒙古博物院、陕西历史博物馆、新疆维吾尔自治区博物馆、宁波中国港口博物馆等6家博物馆（排名不分先后）。此外，特别感谢故宫博物院、广东省博物馆、湖南省博物馆、湖南湘绣博物馆、黑龙江省博物馆、孔子博物馆、辽宁省博物馆、三星堆博物馆、山西应县木塔文物保管所、上海博物馆、西安博物院、云南李家山青铜器博物馆、中国国家博物馆等多家单位的资源支持（排名不分先后）。本书出版也感谢"丝路文化进校园"示范学校，在这些学校进行的交流与实践，使得文本内容更加符合学校教学的需求。同时感谢杭州银美教育科技公司的杭剑平、胡颖的工作与助力。感谢浙江大学出版社黄静芬编辑，感谢她的敬业精神与专业能力，在本书成文、编辑过程中提供了许多建设性建议，并促成了本书的最终出版。

何珊云　周　旸
2021 年 11 月 25 日于杭州

图书在版编目（CIP）数据

丝路奇幻之旅 / 何珊云，周旸编著. — 杭州 ： 浙
江大学出版社，2022.1（2023.9重印）
ISBN 978-7-308-21847-4

Ⅰ．①丝… Ⅱ．①何… ②周… Ⅲ．①活动课程—中
小学—教学参考资料 Ⅳ．①G632.3

中国版本图书馆CIP数据核字(2021)第206607号

丝路奇幻之旅

何珊云 周 旸 编著

策划编辑	包灵灵 黄静芬	
责任编辑	黄静芬	
责任校对	徐 旸	
封面设计	周 灵	
出版发行	浙江大学出版社	
	（杭州市天目山路148号 邮政编码 310007）	
	（网址：http：//www.zjupress.com）	
排　　版	杭州林智广告有限公司	
印　　刷	广东虎彩云印刷有限公司绍兴分公司	
开　　本	880mm×1230mm 1/32	
印　　张	12	
字　　数	290千	
版 印 次	2022年1月第1版 2023年9月第2次印刷	
书　　号	ISBN 978-7-308-21847-4	
定　　价	68.00元（全两册）	